Walter E. Butler

HEILIGE MAGIE

DER LICHTVOLLE PFAD DES MEISTERS

AURINIA VERLAG

WALTER E. BUTLER
»HEILIGE MAGIE – DER LICHTVOLLE PFAD DES MEISTERS«
Aus dem Englischen von Dorothea Jankowski
Herausgegeben von Robert B. Osten

Bibliografische Information der Deutschen Nationalbibliothek

Die Deutsche Nationalbibliothek verzeichnet diese Publikation in der Deutschen Nationalbibliografie; detaillierte bibliografische Daten sind im Internet über dnb.ddb.de abrufbar.

Umschlagdesign: Oliver Hahn
Umschlagfoto: fotolia.com
Satz und Herstellung: Beringer Books · www.beringerbooks.de

Printed in EU
ISBN 978-3-937392-81-3

1. Auflage

Besuchen Sie unsere Website: **www.aurinia-verlag.de**

INHALTSVERZEICHNIS

VORWORT

In den frühen Sechziger kehrte ich mit meinem Mann und zwei kleinen Kindern auf meine Heimatinsel Jersey zurück. Ich hatte meinen Traum, Opernsängerin zu werden, aufgegeben. Nach fünf Jahren in London genossen wir die Ruhe des Insellebens. Dann entschied ich mich dazu, die Kinder auf einen Besuch bei ihren polnischen Großeltern mit nach London zu nehmen. Meine Mutter bat mich, ein Tarotdeck für sie zu kaufen und gab mir die Adresse einer sehr kleinen Verlages.

Ich entdeckte ihn in der zweiten Etage eines schäbigen Bürohauses, in dem er gerade mal zwei Räume besaß. Während ich auf das Verpacken der Karten wartete, schaute ich in ein Buchregal an der Wand und fand dort eine alte Kopie eines Grimoire und entschied mich, es zu kaufen. Plötzlich nahm der Mann, der mich bediente, es mir aus der Hand und sagte: »Dieses Buch ist nichts für Sie – Sie benötigen dieses.« Er reichte mir ein kleines Buch mit dem Titel »Heilige Magie – Der lichtvolle Pfad des Meisters«.

In diesem Augenblick veränderte sich mein gesamtes Leben. Auf dem Flug zurück nach Hause, las ich es – von der ersten bis zur letzten Seite. Noch bevor wir landeten, wusste ich, dass ich den vor mir liegenden Weg gefunden hatte. Ein Freund, der mich nach Hause fahren wollte, empfing mich mit den Worten: »Was ist passiert? Du hast Dich in den paar Tagen verändert, Du strahlst so …«

Innerhalb einer Woche hatten Michael und ich uns um die Mitgliedschaft in der »Fraternity of the Inner Light« beworben, in der Ernest Butler zu dieser Zeit noch Mitglied war. In diesem einen Augenblick wurde die Zukunft festgelegt. Innerhalb von drei Jahren wurden wir initiiert. Danach – und erst danach – wurden wir ihm tatsächlich vorgestellt. Jahre später fragte ich den Leiter, warum das so gehandhabt wurde. Er antwortete: »Als ihr Euch damals vorstellen kamt, wussten sowohl Ernest als auch ich, dass ihr diejenigen seid, auf die er gewartet hatte. Ihr musstet jedoch erst die Grundausbildung durchlaufen, damit wir uns dessen sicher sein konnten ...«

Dieses kleine Buch besitzt die Kraft, Sie auf ähnliche Weise zu verändern. Aber Sie müssen für diese Veränderung bereit sein, denn es gibt keinen Weg zurück. Es ist mehr als ein Buch, es ist ein Zauberstab, ein Ruf zum Abenteuer, das Tor zu einer mystischen Reise und einer neuen Art zu Leben.

Öffnen Sie dieses Buch nur dann, wenn Sie diese Veränderung erleben möchten.

Jersey, am 18. Februar 2012
Dolores Ashcroft-Nowicki

VORWORT

Es ist natürlich unmöglich, ein so großes Thema wie die Magie vollständig auf diesen wenigen Seiten unterzubringen. Ich habe daher versucht, eine allgemeine Vorstellung von zumindest einem Aspekt der Magischen Kunst zu geben, in der Hoffnung, dass dieses kleine Buch meine Leser zu einem ernsten Studium der Wissenschaft der Magie anregt.

Meinen Dank möchte ich meiner Frau aussprechen, für ihre Hilfe und Ermutigung, und Bischof Robert King, von der Liberalen Katholischen Kirche, und der verstorbenen Dion Fortune, Gründerin und Leiterin der »Fraternity of the Inner Light«*, für die Lehren und die Ratschläge, die ich von ihnen erhalten habe. Es ist nur fair hinzuzufügen, dass keiner von ihnen für die Ideen, die hier ausgedrückt werden, verantwortlich ist.

16. Februar 1952
Walter E. Butler

* heute »Society of the Inner Light« (Anm. des Hrsg.)

KAPITEL I
EINIGE ERKLÄRUNGEN UND EIN ALLGEMEINER ÜBERBLICK

In dieser unvollkommenen Welt, in der es so leicht ist, etwas misszuverstehen oder missverstanden zu werden, ist es erforderlich sorgfältig die Worte zu wählen, wenn man über ein Gebiet wie das der zeremoniellen Magie schreiben will. Aber bevor wir das tun, wollen wir einen kurzen Blick auf das werfen, was im Allgemeinen unter Magie verstanden wird. Dadurch lichten wir erst einmal viel von dem die Sicht verdunkelnden Gedanken-Gestrüpp, so wie man die tropische Vegetation um einen alten Aztekentempel herum beseitigt und erst dann imstande ist, seine wirklichen Ausmaße und Formen zu erkennen.

Dieser Vergleich ist durchaus passend, denn gerade der Tempel der Magie ist von alters her in überreichem Maße von üppigem Wildwuchs irrtümlicher und abergläubischer Gedanken und Vorstellungen überwuchert und dies besonders in der westlichen Welt, so dass das Wissen um das wirkliche Wesen und die Natur der Magie fast völlig verloren gegangen ist. Nur in den Reihen der meist Unwissenden und Abergläubischen einerseits und einer kleinen Kerngruppe wirklich informierter, praktizierender Magier andererseits sind noch Reste des Wissens um die wahre Natur der Magie bewahrt worden, wobei hinzuzufügen ist, dass bei der ersteren Gruppe die Dinge in so betrüblicher Weise verkannt und entstellt wurden, dass sie nur noch wenig mit den wirklichen Verhältnissen zu tun haben.

Sowohl die Archäologen wie auch die Vertreter der vergleichenden Religionswissenschaft sagen uns übereinstimmend, dass die Magie sich bis zum Beginn des menschlichen Lebens auf diesem Planeten zurückführen lässt. Alle religiösen Systeme, ausgenommen einiger bestimmter protestantischer Sekten und des südlichen Buddhismus, haben während der einen oder anderen Periode ihrer geschichtlichen Existenz von der zeremoniellen Magie Gebrauch gemacht. Alle diejenigen, die an den historischen Aspekten der Magie interessiert sind, sei insbesondere der Klassiker »Der goldene Zweig« von Sir James Frazer empfohlen.

Wenn die Autoritäten und Kapazitäten auf dem Gebiet der Magie sorgfältig studiert werden, erkennt man, dass im Großen und Ganzen jede sich erfolgreich behauptende Religion das Beste jener Religion übernimmt hat, die sie verdrängt hat, und das Übrige überlässt sie dem unwissenden Volk und den Priestern der alten Religion, die mit der neuen nicht konform gehen. Und im Verlauf der Selbstorganisierung der neuen Kirche beginnt die Ausrottung des Alten, dessen Überreste infolgedessen in den Untergrund getrieben werden.

Ein derartiger Vorgang fand auch statt, als das Christentum sich aus seinem Anfangszustand erhob und zur beherrschenden Religion des Westens wurde. Die alte Religion löste sich auf und die christliche Kirche übernahm vieles von deren Philosophie und den Ritualen und durchdrang nach und nach alle Schichten der Gesellschaft, so dass sich die Anhänger des alten Glaubens nur noch in bäuerlichen Gegenden und an abgeschiedenen Orten halten konnten. Diese Menschen vom Land oder »Heiden«, unfähig die Philosophie ihrer Religion richtig zu verstehen, gaben ihr Wissen meist nur in ziemlich entstellter Form weiter. Weil sie oft in grausamster Weise verfolgt wurden, mussten sie sich im Untergrund verbergen, doch ihre Reihen wurden immer wieder aus verschiedenen Quellen aufgefüllt, unter anderem aus dem Personenkreis jener, die gegen die päpstlichen Vorschriften rebellierten.

Selbst als es dann durch die von der Renaissance ausgehenden Impulse möglich wurde, sich vom römischen Joch zu befreien, verhielten sich die Frommen der reformierten Kirchen ebenso hasserfüllt wie Rom bei der Verfolgung und Ausrottung der Hexen, Zauberer und Magier. Die Geschichte Europas vom 11. bis zum 18. Jahrhundert bietet in dieser Hinsicht eine wahrhaft schauerliche Lektüre. Mit dem Aufkommen des »Zeitalters der Aufklärung« begann der Glaube des Volkes an die so oft verleumdeten Kräfte der Magier zu schwinden. Zugleich begann sich, zumindest in protestantischen Kreisen, der religiöse Glaube in einen Formalismus zu verwandeln, der nur noch wenig Kraft in sich trug.

Dieses kraftlose Niveau der Mittelmäßigkeit feierte, speziell in England, in den viktorianischen Tagen seine höchsten Triumphe, als die physikalische Wissenschaft durch den Mund eines ihrer bedeutendsten Vertreter erklärte, »dass in diesem Universum kein Raum ist für Geist und Geister«, und als der Präsident der Königlichen Gesellschaft sagte: »In der Materie sehe ich die Hoffnung und die Grundgewalt allen Lebens.« Doch mit dem sich erweiternden Wissen über das Universum, das uns die modernen Wissenschaften brachte, mussten solche Ideen erheblich revidiert werden, und modernen Physikern, wie Jeans, Eddington oder Einstein, verdanken wir neue Ideen über die Natur und über den Zweck des Universums, welche von einem Magier bereitwillig akzeptiert werden können. Denn er hat, unter Berücksichtigung der unterschiedlichen Worte und Ausdrucksweisen, schon vor Jahrhunderten dasselbe gesagt!

Es ist jedoch die moderne Schule der Psychologie, insbesondere die mit dem Namen C. G. Jung verbundene, die den Magier eine engere Verbindung zum heutigen Denken finden lässt. Doch das merkwürdige Schwingen des geistigen Pendels, das schon Heraklit erkannte und Enantiodromie nannte, bewirkt, dass das, was bisher unterdrückt und in den Untergrund getrieben wurde, wieder im Freien gedeiht, zum offensichtlichen Missfallen der orthodoxen Gemeinschaften.

Doch trotz aller Unterdrückungen und Verfolgungen durch die Jahrtausende hindurch, hat die Magie in der westlichen Welt nie aufgehört zu existieren. Die Römische Kirche übernahm geschickt eine große Menge der alten Magie und hat sie ihren eigenen Zwecken dienstbar gemacht, doch hinter den Kulissen floss die magische Tradition wie ein unterirdischer Fluss weiter, der hier und da die Oberfläche durchbricht und ans Tageslicht kommt und dann wieder unter der Oberfläche verschwindet.

Einer dieser Durchbrüche war der Templerorden, dessen Mitglieder, die Tempelritter, inzwischen von den Beschuldigungen und Verdammungen befreit worden sind, die ihre Verfolger gegen sie aussprachen; dazu können auch die Albigenser in Frankreich gezählt werden; die Brüder vom Gold-

und Rosenkreuz, die Illuminaten, die Magnetisten*, die Theosophen und zahlreiche andere Orden und Bruderschaften, die in der zweiten Hälfte des 19. Jahrhunderts in Erscheinung traten. Von diesen war der berühmteste und erhellendste, von unserem Standpunkt aus betrachtet, der »Hermetic Order of the Golden Dawn«. Angeblich von den Rosenkreuzern gegründet, gelang es diesem Orden, all die treibenden magischen Fäden zu einer großartigen Synthese zusammenzufassen, und trotz der vielen Wechselfälle und Spaltungen ist dieser Orden immer noch die Hauptquelle der westlichen magischen Tradition.**

Das Gesagte soll uns hier als generelle Übersicht über das Gebiet der Magie genügen. Nun zu unseren Definitionen.

Mein Wörterbuch enthält die volkstümliche Erklärung des Begriffes Magie: »Die Kunst, die Natur zu benutzen, um damit erstaunliche Resultate hervorzubringen.« Die Definition ist wohl etwas zu umfassend. Sie könnte auch von Angehörigen primitiver Stämme auf Radio, Telefon oder Flugzeuge angewandt werden, denn für sie kann es sich nicht um natürliche Vorgänge, sondern nur um solche übernatürlichen Ursprungs handeln! Ein Magier unserer Tage, der die Magie gründlich studiert und viel darüber geschrieben hat, definiert sie als »die Kunst, Veränderungen willentlich herbeizuführen«. Aber auch diese Definition scheint mir zu weit gefasst, denn schließlich würde sie alle Arbeit, handwerk-

---

* Heute würde man eher den Begriff »Hypnotiseure« verwenden (Anm. des Hrsg.).

** Heutzutage gibt es eine Vielzahl von Orden, die den Namen »Golden Dawn« tragen, und eine weitere Anzahl von Gesellschaften, die sich inhaltlich auf den Golden Dawn beziehen. Ein offizieller, authentischer Nachfolgeorden existiert jedoch nicht, auch wenn einige dieser Orden etwas Anderes behaupten (Anm. des Hrsg.).

licher wie geistiger Art, einschließen, bei denen ja auch willentlich Dinge verändert werden.

Nach Ansicht des Verfassers dieses Buches dürfte die beste Definition für Magie diejenige sein, die von einem anderen modernen Magier stammt: »Magie ist die Kunst, willentlich Bewusstseinsveränderungen herbeizuführen.« Dies stimmt im Wesentlichen mit den Theorien und den Praktiken der Magie überein, und deshalb wollen wir sie gewinnbringend einsetzen, mit dem gebührenden Hinweis auf ihren Autor, Dion Fortune, die unter anderem Leiterin einer gut organisierten magischen Bruderschaft war.

Wir haben jetzt zwar eine annehmbare Definition gefunden, sehen uns aber sogleich mit einer anderen Schwierigkeit konfrontiert. Was meinen wir mit »willentlich Bewusstseinsveränderungen herbeizuführen«? Es ist also erforderlich, uns darüber klar zu werden, (a) was Bewusstsein ist, und (b) was unter Bewusstseinsveränderung zu verstehen ist. Im folgenden Kapitel werden wir näher betrachten, was vom Standpunkt der modernen Psychologie aus über die menschliche Persönlichkeit gesagt wird. Es muss jedoch daran erinnert werden, dass die Psychologie noch nicht ausreichend als Wissenschaft entwickelt ist, um als einheitlicher Körper des Wissens gefeiert zu werden.

Es gibt eine ganze Reihe von psychologischen Schulen, die sich in ihren Erklärungen über ihre Beobachtungen sehr voneinander unterscheiden. Die Anhänger Freuds bekennen sich mit Nachdruck zu einer bestimmten Lebensauffassung, die Anhänger Jungs zu einer anderen, die Schüler Adlers zu wieder einer anderen. Es wird sich zeigen, dass der Verfasser dieses Buches sich mehr der Jungschen Schule zuneigt.

Es ist eine Tatsache, dass die Schriften C. G. Jungs so weitgehend im Einklang mit der magischen Tradition stehen, dass wir leicht verstehen können, weshalb einige seiner mehr materialistisch eingestellten Fachkollegen davon sprechen, dass Jung »dem Mystizismus verfallen sei«. Auf jeden Fall scheinen die Resultate dieses Abfallens vom psychotherapeutischen Gesichtspunkt aus zufriedenstellend, und es ist die Meinung des Verfassers dieser Zeilen, dass wir in Jung den Darwin der neuen Psychologie haben. Es sei hier bemerkt, dass diese Meinungsäußerung keinen Anspruch auf Originalität erhebt, denn auch andere haben das gesagt, aber es kann ruhig einmal wiederholt werden!

KAPITEL II
DIE MENSCHLICHE PERSÖNLICHKEIT

Das Problem der menschlichen Persönlichkeit ist eines, das viele Jahrhunderte hindurch in der westlichen Welt ungelöst geblieben ist. Östliches Denken hat eine Betrachtungsweise der menschlichen Persönlichkeit entwickelt, die auf die menschlichen mentalen Vorgänge ein helles Licht wirft, doch die westliche dogmatische Theologie hat bis in unsere Zeit hinein nur begrenzt eine ähnliche Entwicklung dem östlichen Gedankengut gegenüber zugelassen.

Innerhalb der letzten Jahre sind jedoch immer mehr Tatsachen aufgetaucht, die sich der Kontrolle durch die dogmatische Religion entziehen und ein stimmigeres Bild von der Natur der Persönlichkeit unterbreiten als das bisherige. Die alte akademische Psychologie befasste sich ausschließlich mit dem Wachbewusstsein und ihre Forschungsmethodik bestand hauptsächlich in einer Hinwendung des bewussten Geistes zu sich selbst. Doch viele Faktoren deuteten darauf hin, dass der menschliche Geist größer war als zunächst vermutet. Die beobachteten Phänomene im Mesmerismus und der Hypnosewissenschaften, bei der Telepathie und die psychischen Wunder im Spiritualismus zeigten alle deutlich die Notwendigkeit der Schaffung einer neuen Psychologie, die aber diesmal auf einer viel breiteren Grundlage stehen musste als ihr akademischer Vorgänger.

F. W. H. Myers hat in seinem Buch »Human Personality«

eine Rahmentheorie herausgebracht, die er als »subliminaler Geist« bezeichnet. Die Hauptidee (die auch heute noch Gültigkeit hat) ist, dass das Wachbewusstsein der Teil des Geistes ist, der über jener Bewusstseinsebene liegt, die bekannt ist als »Limen« oder »Schwelle«. Dieses über oder jenseits der Schwelle liegende Bewusstsein ist jedoch nicht die einzige Bewusstseinsebene. Unterhalb der Bewusstseinsschwelle existieren noch andere Bewusstseinsschichten und diese werden als subliminale Ebenen bezeichnet oder allgemein als »das Unterbewusste«.

Nach dieser Hypothese ist also der Geist des Menschen zweigeteilt; er hat einen bewussten oder wachen und einen unterbewussten Bereich, welcher unterhalb der Bewusstseinsschwelle verbleibt. Myers zeigt, dass all die verschiedenartigen Phänomene, die er einer näheren Betrachtung unterzog, mittels der Annahme erklärt werden konnten, dass sie unter bestimmten Voraussetzungen und durch bestimmte Kanäle das Unterbewusstsein durchstoßen und im wachen Leben in Erscheinung treten können. Er zeigt ebenso, dass der unterbewusste Bereich des menschlichen Geistes in Umfang und Möglichkeiten größer ist als der wachbewusste Bereich der Persönlichkeit.

Ein Gleichnis, das oft gebraucht wird, ist das vom Eisberg, dessen größerer Teil unter der Wasseroberfläche liegt. Dieser Vergleich ist sehr gut, da das Verhalten des Berges eine Parallele zum Verhalten des menschlichen Geistes aufweist. Es kann zum Beispiel geschehen, dass sich der Eisberg, obwohl der Wind in eine bestimmte Richtung bläst, dennoch majestätisch der Windrichtung entgegen bewegt, weil seine größte Masse weit unterhalb der Oberfläche von den Meeressströmungen gesteuert wird. So ist es auch mit dem Geist des Menschen.

Auf diesem neuen Konzept wurde eine neue Psychologie errichtet und zwei Männer kann man als deren Pioniere bezeichnen. Der erste ist Sigmund Freud und der zweite sein Schüler C. G. Jung. Die Freudsche Psychologie ist der Allgemeinheit durch ihre Betonung des sexuellen Elementes bei auftretenden seelischen Erkrankungen ziemlich bekannt geworden. Mit dieser extremen Sicht war Jung nicht einverstanden, und er schuf nach und nach das, was man heute die »Züricher Schule« nennt. Vom magischen Gesichtspunkt aus gesehen kann kein Zweifel darüber bestehen, dass Jungs Lehren den Tatsachen in höherem Maße gerecht werden als jene von Freud, und deshalb halte ich es für angebracht, auf einige Aspekte dieses Systems kurz einzugehen.

Es ist unbestritten, dass hinter allen Erscheinungen des Lebens von Tier und Mensch eine vorwärtstreibende Kraft oder Energie existiert, der schon viele verschiedene Namen gegeben worden sind. In der Psychologie nennt man sie »Libido« oder manchmal auch das »Es«. Dieser Grundtrieb manifestiert sich in Form der sogenannten fundamentalen Instinkte, die gemäß der üblichen Einteilung in dreifacher Weise in Erscheinung treten: als Selbsterhaltungstrieb oder Wille zum Leben, als Sexualinstinkt oder Schöpferwille, und schließlich als Herdeninstinkt oder Gemeinschaftstrieb.

Diesen drei Instinkten fügte Jung noch einen vierten hinzu, von dem er sagt, dass er allein dem Menschen vorbehalten ist: den religiösen Instinkt. Dieser Instinkt ist ein Gegenpol zu den drei biologischen, primitiven Triebformen und ist daher ein wesentlicher Teil des menschlichen Wesens. Was für eine

Art von psychologischem System man auch immer errichten mag, wenn dieser ganz wesentliche Punkt fehlt, kann es niemals die ganze Breite und Tiefe der menschlichen Persönlichkeit erfassen.

Im Frühstadium der menschlichen Evolution hatten die drei biologischen Instinkte noch die Vorherrschaft, obwohl der religiöse Instinkt zweifelsfrei schon arbeitete. Im Laufe der Menschheitsentwicklung begann der immer bewusster werdende Geist die Intensität einiger der instinktiven Triebe einzuschränken und deren Energien in neue Kanäle umzuleiten. Dies geschah jedoch in ungeordneter und unwissender Weise, weshalb erhebliche Missstimmungen innerhalb des menschlichen Geistes auftraten.

Mit dem Aufkommen des Christentums, und der heftigen Reaktionen, die es der Entartung der alten Religionen gegenüber hervorrief, wurde die Unterdrückung der natürlichen Instinkte verstärkt und schließlich als ein Wesensbestandteil des Christentums selbst betrachtet, bis diese Einstellung in der viktorianischen Periode ihren Höhepunkt erreichte. Ausschließlich der bewusste Geist wurde bejaht, und parallel mit einer bestimmten ethischen Haltung galt dies als der höchste Zustand der menschlichen Evolution.

Das führte aber schließlich zu dem ständigen Ansteigen dessen, was man die Krankheit der westlichen Welt nennen könnte, zur »Psychoneurose«. Die mächtigen Instinkte, wieder auf sich selbst geworfen, werden verdreht und pervertiert, und die Energie, die zur Verarbeitung im Bewusstseins dienen soll, wenn sie richtig geleitet oder »sublimiert« wird, verliert sich in der ewigen geistigen Reibung und führt im Westen zu der so häufig auftretenden Frustration.

Diese Unterdrückung der dynamischen Kräfte des Individuums hat innerhalb der Gesellschaft zu einer scharfen Spaltung zwischen den unterbewussten und bewussten Regionen des menschlichen Geistes geführt. Doch es ist klar, dass nur, indem sie durch das Bewusstsein der dynamischen Kraft unterhalb der Bewusstseinsschwelle gefangen werden, die Aktivitäten des Menschen ihre wahre Größe erlangen können.

Es sind eben die Offenbarungen des Unterbewusstseins, die in der modernen Psychotherapie eine so große Rolle spielen, und ebenso auch in der modernen Magie.

Das bedeutet nicht, dass den primitiven Instinkten in gröbster Weise freies Spiel gelassen werden soll, sondern vielmehr sollen die Triebenergien der Instinkte beherrscht und in andere Kanäle umgeleitet werden. Es muss allerdings zwischen der Energie, die umgeleitet werden soll, und dem neuen Ausdruckskanal, welchem die Energie angeboten wird, eine natürliche Ähnlichkeit bestehen. Ein Beispiel hierfür ist der Rat, der so oft Jugendlichen gegeben wird, wenn sie mit starken Sexualdrängen zu kämpfen haben. Man sagt ihnen: »Betätige dich sportlich, treibe Gymnastik und so weiter, und arbeite es ab.« Manchmal mag dieses Heilmittel einen gewissen Erfolg haben, meist aber ist es völlig fehl am Platze und bringt sogar eine Steigerung anstelle einer Verminderung mit sich. Das liegt daran, dass der Kanal für den ersten biologische Antrieb für eine Kraft aus dem zweiten Trieb verwendet wird.

Sportliche Betätigung ist ein ausgezeichneter Weg, den Selbsterhaltungstrieb umzuwandeln und zu veredeln, und solche Gruppenkontakte bilden auch einen guten Kanal für den Herdeninstinkt, sie sind jedoch für das Abreagieren des

Sexualinstinktes, der seinem Charakter nach individuell und schöpferisch ist, ungeeignet. Heutzutage wird dem an starkem Sexualdrang Leidenden der Rat gegeben, sich in den schöpferischen Künsten und Berufen zu engagieren, also etwas zu produzieren, zu schaffen, sei es auch nur eine Holzbank für den eigenen Garten. Eine solche schöpferische Arbeit bildet einen ausgezeichneten Kanal für die Ableitung.

Man sollte nun nicht denken, dass die gesamte Energie der Instinkte umgewandelt oder sublimiert werden könne oder sogar müsse, denn diese Grundenergien müssen für die sich ständig vollziehende Weiterentwicklung des menschlichen Geistes zur Verfügung stehen. Hier ist es, wo der von Jung erkannte vierte Instinkt in Funktion tritt, denn er steht im Gegensatz zu den anderen Trieben und zieht den sich entwickelnden Menschen zu immer größeren Höhen hinauf, und wir können diesen vierten Instinkt durchaus gleichsetzen mit dem, was die Okkultisten das Überbewusstsein oder das Höhere Selbst nennen, und was die Magier als den Heiligen Schutzengel bezeichnen.

Die moderne psychoanalytische Forschung hat auf die Existenz verschiedener Entwicklungsebenen oder -schichten im Unbewussten oder Unterbewussten hingewiesen, und die Tiefe dieser Ebenen verbindet das Individuum nicht nur mit dem Geist der Menschen seiner unmittelbaren Umgebung, sondern nacheinander auch mit den mentalen Prozessen der ganzen Menschheit, bis hinunter zu einer bestimmten Ebene, und unterhalb dieser erneut mit dem Bewusstsein des Tier- und Pflanzenreiches. Es scheint, dass, genau wie unser physischer Körper im Rahmen seiner Struktur sehr die Spuren seiner evolutionären Entwicklung aus dem unteren Reich der

Natur trägt, unsere Gedanken eine ähnliche Entwicklung hinter sich haben.

Dies wird allgemein als »persönliches Unterbewusstsein« bezeichnet, das Ideen, Gefühle und Erinnerungen enthält, von denen einige unter die Bewusstseinsschwelle hinab gedrückt wurden, weil wir uns weigern, sie als zu uns gehörend zu akzeptieren und dass wir zu einem Denken aus dem Unterbewusstsein heraus überhaupt fähig sind. Solche mit emotionaler Energie geladenen Gedanken sind bekannt unter der Bezeichnung »Komplexe« oder »Konstellationen«, und wenn sie nicht als solche erkannt werden, neigen sie dazu, aus der allgemeinen Einheit des Geistes auszubrechen und quasi eine Art von Unabhängigkeit zu entwickeln. Man nennt sie dann »Abspaltungen« und diese abgespaltenen Komplexe sind es, welche die psychische Energie des Selbst blockieren. Die unterdrückten und die abgespaltenen Komplexe, zusammen mit der Menge vergessener Erfahrungen, Erinnerungen und Gefühlsregungen sind es, die das »persönliche Unterbewusste« ausmachen.

Tiefer unter dieser Schicht kommen wir zu jenen Gefühlen und Gedanken, zu jenen Urbildern, die wir mit der ganzen Menschheit teilen, nicht nur mit der jetzt lebenden, sondern auch mit der vergangenen Menschheit. Dieses »kollektive Unbewusste« ist sozusagen der programmierte Hintergrund unseres unterbewussten Geistes, und die Bilder und Erinnerungen, die in seinen Tiefen vergraben liegen, üben einen außerordentlichen Einfluss auf unser Leben aus, obwohl unser waches Ich nichts davon weiß.

Es ist bekannt, dass das Unbewusste, sei es persönlich oder kollektiv, sich durch Bilder oder Vorstellungen ausdrückt. Die

Sprache gehört einer vergleichsweise späten Entwicklungsphase an. Deshalb sagt Jung:

»Wer mit Urbildern spricht, spricht wie mit tausend Zungen; er ergreift und überwältigt, und zugleich erhebt er das, was er betrachtet, aus dem Einmaligen und Vergänglichen in die Sphäre des immer Seienden; er erhöht das persönliche Los zum Los der Menschheit, und dadurch löst er auch in uns all jene hilfreichen Kräfte aus, die es der Menschheit immer ermöglicht haben, sich aus aller Not zu retten und auch die längste Nacht zu überdauern.«

Die Magie, deren Wurzeln in fernster Vergangenheit liegen, tut dasselbe; sie spricht zum unterbewussten Geist des Menschen durch archaische Vorstellungen in Gestalt von Symbolen und Ritualen, und sie bewirkt dadurch jene »Bewusstseinsveränderung«, um die es dem Magier geht. So wird auch von Jesus berichtet: »Und ohne Gleichnis redete er nichts zu ihnen« (Markus IV, 34). Wie ein großer Psychologe benutzte er zwei positive Affirmationen und fasste in ihnen das Mosaische Gesetz zusammen.

Fassen wir das in diesem Kapitel Gesagte zusammen, kommen wir zu dem Ergebnis, dass die besten modernen psychologischen Schulen die Existenz von vier Bewusstseinsschichten im menschlichen Geist annehmen:

a) der wachbewusste Geist,
b) das persönliche Unterbewusstsein,
c) das kollektive Unterbewusstsein und
d) das Überbewusstsein.

Sie alle sind Aspekte des einen Geistes, von dessen Ganzheit uns normalerweise nur ein Teil bewusst wird, das Wachbewusstsein. Dennoch werden wir ständig von den anderen beeinflusst, so dass wir des Öfteren feststellen, dass die verborgenen und mysteriösen Strömungen des tieferen Selbst uns auf Wege treiben, die wir nicht bewusst gewählt haben.

Sich der verborgenen Strömungen bewusst zu werden, und sie in weiser und friedlicher Weise zur Meisterung unseres Lebens zu benutzen, ist der innigste Wunsch des Magiers, der in die Tiefen seines Wesens hinab schaut und dort jenen Funken des ewigen Lichtes erkennt, der sein eigenes wahres Zentrum ist, und dann im Namen der Kraft dieses Göttlichen Funkens spricht: »Auf meinen Befehl hin stehen mir Allmacht und Ewigkeit zur Verfügung.«

KAPITEL III
DIE MAGISCHE THESE

Lassen wir all die vielen Einzelheiten, die mit dem Begriff Magie zusammenhängen, beiseite und widmen wir dieses Kapitel der magischen Theorie des Menschen und des Universums. Die magische Tradition behauptet, dass das Universum ein einheitliches Ganzes ist und kein Teil des Universums im Sein von allen anderen Teilen getrennt ist. Wie der Dichter sagt: »Alles sind nur Teile eines erstaunlichen Ganzen.« Alles, was im Universum existiert, ist daher der Ausdruck einer ihm zugrunde liegenden Einheit, aus der heraus alles lebt. Man könnte meinen, das sei »Pantheismus«, aber dem ist keineswegs so, denn hinter der allem zugrunde liegenden Einheit, die sich selbst als Universum ausdrückt, ist jenes Absolute, von dem die universelle Seele, das allem gemeinsame Leben und alle Formen eben nur Ausdrucksmöglichkeiten sind. »Obwohl Ich das Universum durch einen Teil von mir geschaffen habe, bin und bleibe Ich doch unverändert derselbe«, sagt die Gottheit in den hinduistischen Schriften, der Bhagavad Gita. Ein sowohl immanenter als auch transzendenter Gott ist der Gott des Magiers.

Das transzendente Eine spiegelt sich gemäß den magischen Lehren in den Wassern des Chaos und der Urfinsternis, und diese Reflexion des Absoluten Allerhöchsten, bekannt als Adam Kadmon, schafft aus dem Chaos Ordnung. Ein magisches Ritual drückt das so aus: »Am Anfang waren Chaos und Finsternis und die Tore zum Lande der Nacht. Und das Chaos schrie laut nach Einheit. Und das Ewige trat in Erscheinung. Angesichts seines Glanzes wich die Finsternis zurück und die Schatten entflohen.« Nun, dieses allem innewohnende Reflektieren, der Adam Kadmon oder der Große Mensch der Kabbala, ist der Logos, »aus dem alle Dinge hervorgegangen sind«, der Glanz Seiner Herrlichkeit und der Ausdruck Seiner Erscheinung. Deshalb existiert nichts in diesem Universum, außer als integrierter Teil des Logos. Alle Dinge haben ihr Sein in dieser Ureinheit, wie schon der alte griechische Dichter sagt, dessen Worte Paulus bestätigt: » ... denn wir sind alle Seine Kinder.«

Die menschliche Seele ist ein Teil des großen Universums und in sich eine Kopie desselben. Deshalb heißt es in der Magie, dass der Mensch ein Mikrokosmos im Makrokosmos ist, ein kleines Universum innerhalb des großen Universums. Für den Magier gibt es so etwas wie »tote« Materie im Sinne des viktorianischen Zeitalters nicht. Er weiß, dass alles Vorhandene nur deshalb in Raum und Zeit existieren kann, weil es bereits als Teil des Ewigen Seins subexistent war. Das, was wir »hier unten« sehen, zum Beispiel ein lebloses Stück Metall, ist für den Magier nichts Anderes als die Erscheinungsform unzähliger umeinander wirbelnder Energiezentren, die durch die verschiedenen Ebenen unsichtbarer Welten zurückgeführt werden können bis zum lebendigen Herz alles Seienden. »Der Geist des Herrn erfüllt die Erde«, und für den wahren Magier ist nichts gewöhnlich oder unrein, denn alles ohne Ausnahme ist Ausdruck des ewigen Lebens und dient seinen Zwecken. Dies wird auch im Ritual durch einen eingeweihten Adepten gesagt, wenn er ausruft: »Es gibt keinen Teil von mir, der nicht ein Teil der Götter ist.«

»Der Götter ... ?« Glaubt der Magier wirklich an viele Götter? Ja, aber er sieht die Natur dieser Götter in einem anderen Licht als man vielleicht glaubt. Er findet im sichtbaren wie im unsichtbaren Universum mächtige Bereiche, in denen sich unzählige Kräfte bewegen und aufeinander einwirken, und jede dieser Energien ist ein Aspekt des Allerhöchsten. Und in diesen tanzenden und funkelnden Energien erkennt er den Ausdruck des einen Lebens, sieht er Söhne Gottes, die sich in früheren Universen entwickelt haben und die jetzt als vollkommene Kanäle der göttlichen Kräfte, gleichsam als lebendige Sammellinsen fungieren, durch welche die Kraft des Allerhöchsten in die Manifestation herunter geleitet wird. Sie sind die »Dyan Chohans« der östlichen Schriften, die »Herren des Lichts« (Erzengel) der Bibel, und diese Ausstrahlung ihres wesenhaften Seins, die aus der Einheit fließt und sich in Zeit und Raum manifestiert, ist die »Substanz«, im theologischen Sinne das »reale« Universum«, und manifestiert die sekundären Qualitäten, die wir Materie nennen – die »Unfälle« der Theologen.

Vom Standpunkt der magischen Philosophie aus betrachtet gibt es also keine Trennung zwischen Geist und Materie, gibt es nicht so etwas wie »tote« Materie »per se«. Die gesamte materielle Existenz und alle ihre Erscheinungsformen sind nur ein Ausdruck des alles durchdringenden Lebens – es ist »das Leben« in einer seiner unzählbaren Seinsformen. An diese Struktur des universellen Lebens glaubend, ist der Magier davon überzeugt, dass in der gleichen Weise, wie die Kraft des Einen sich durch seine Gesandten manifestiert, diese Seine Ausdrucksformen in absteigender oder verdichtender Weise, die unendlichen Scharen von Wesenheiten mit geringerer Intelligenz, Seinen Plan ausführen: »Engel und Erzengel, Throne, Herrscher und Fürsten, Kräfte und Energien, Cherubim und Seraphim, Ashim und all die zeitlosen Himmlischen Heerscharen.« Jeder auf seine spezielle Weise.

Wenn der Magier sieht, wie das Allerhöchste »diesen Dienst der Engel und Menschen in einer wunderbaren Ordnung errichtet hat«, betrachtet er sich nicht als einen Fremden im Universum, nicht als einen vom Großen Ganzen getrennten Teil, sondern als einen Bestandteil dieser sich als Lebensvielfalt offenbarenden Einheit, und er sagt gleich den alten griechischen Weisen: »Ich bin ein Kind der Erde, aber mein Geschlecht stammt von den gestirnten Himmeln.«

Seinen Blick von den himmlischen Höhen wieder abwendend, erkennt sich der Magier in Malkuth, dem irdischen Reich, und stellt fest, dass diese unvollkommene und enttäuschende Existenz in dem physischen Körper deshalb so unvollkommen und enttäuschend ist, weil er, obwohl er intellektuell um die Wirklichkeit hinter den Erscheinungsformen weiß, noch nicht imstande ist, diese Wahrheiten in der physischen Welt zu realisieren. »Wisset ihr nicht, dass ihr Götter seid?«, steht in der Heiligen Schrift zu lesen, und ein Dichter unserer Tage sang: »Wisse, Mensch, die alleinige Wurzel deiner Fehlerhaftigkeit ist in dir, weil du deine eigene Göttlichkeit nicht kennst!«

Über den Orakeltempeln stand in alten Zeiten die Inschrift: »Gnothi seauton« – »Erkenne dich selbst.« Es ist die Verwirklichung der wahren Natur des Selbst, die der wahre Magier anstrebt. Diesem Prinzip folgend, und es als richtig anerkennend, erblickt der Magier eine gefallene Welt. Er erkennt, dass der ursprüngliche Plan, nach dem der Mensch geschaffen wurde, das gesamte Universum als Harmonie und Schönheit des Allerhöchsten durchdringt; in diesem alles erfüllenden Licht sieht er das Ideal, in dem sein persönliches Selbst wurzelt und von dem er getragen wird.

Dann, nach außen schauend, sieht er in seiner eigenen Natur und in der Natur derer um sich herum den Beweis für den Fall aus dem Zustand der Vollkommenheit. Doch in der Mitte dieses Sturzes sieht er die Möglichkeit einer Umkehr, und angesichts des Leidens unzähliger Lebewesen wird ihm klar, dass der Weg der Errettung der Weg der Aufopferung ist.

Also formuliert er das alte hermetische Axiom »Solve et coagula« um in »Löse auf und gestalte neu«, und in diesem Sinne benutzt er die Riten der Hohen Magie, um beides zu erreichen – Auflösung und Neugestaltung.

Aber was soll aufgelöst und was soll neu gestaltet werden? Nicht der Ewige Funke, der »jeden Menschen erleuchtet« – es handelt sich dabei vielmehr um jenes persönliche Selbst, das er so lange als sein einziges wirkliches Selbst betrachtet hat, diese Persönlichkeit, an die er sich so hartnäckig klammert und die er verteidigt, gehegt und gepflegt hat. Es ist diese »Persona«, diese den wirklichen Menschen verhüllende Maske, die aufgelöst und neu gestaltet werden muss. Aber wie soll das, was in sich selbst so unvollkommen ist, Vollkommenheit hervorbringen? »Natur ohne Hilfe scheitert«, sagten die alten Alchemisten, und in den Schriften lesen wir: »Wenn nicht der Herr das Haus baut, so arbeiten umsonst die daran bauen.« Deshalb sucht der Magier in aller Demut nach Erkenntnis und das Gespräch mit dem Heiligen Schutzengel – dem wahren Selbst, von dem seine irdische Persönlichkeit nur die Maske ist.

Dies ist das höchste Ziel des Magiers. Alles andere, Zauberworte und Amulette, Rituale und magische Kreise, Schwerter, Zauberstäbe und Räucherungen, all das sind lediglich Hilfsmittel, mit denen er das Ziel erreichen will. Dann, vereint mit dem wahren Selbst – wenn auch nur für eine kurze Zeit – wird er von diesem inneren Herrscher in der Hohen Magie unterrichtet, die eines Tages seine Menschlichkeit zur Göttlichkeit erzieht, und erreicht, was in den wahren Mysterien als das wahre Ziel des Menschen bezeichnet wurde: Vergöttlichung.

KAPITEL IV
DIE AUSRÜSTUNG DES MAGIERS

Es ist ganz natürlich, dass die Ausrüstung in der magischen Kunst die Vorstellungskraft des Beschauers angeregt hat, und in dem Wort »Imagination« liegt in der Tat der Schlüssel zum Gebrauch der verschiedenen »Requisiten«, die der Magier verwendet. In diesem Handwerk, »willentlich Bewusstseinsveränderungen zu verursachen«, ist der richtige Gebrauch der Vorstellungskraft von größter Bedeutung. Lassen Sie uns diese Fähigkeit der Imagination einmal näher betrachten.

Man könnte diesen Begriff definieren als die Kraft des Geistes mentale Bilder zu formen. Aus Sicht dieser Definition erweisen sich die Einwände und Kritiken der sogenannten »praktischen Weltmenschen« als weit gefehlt, denn alles, was praktisch ausgeführt und hergestellt wird, muss mit einem vorgestellten Bild anfangen. Was der »praktische Mensch« jedoch meint, ist dass jede Vorstellung, die nicht sofort zu einem materiellen Ergebnis führt, eine Verschwendung von Zeit und Aufwand ist. Doch auch hier gehen solche Ideengänge an der Wahrheit vorbei, denn viele Imaginationen, die niemals direkte materielle Auswirkungen zeigten, haben dennoch neue Kanäle geöffnet, wodurch diesen Vorteile erwachsen und schließlich in dauerhaften sozialen und politischen Leistungen resultierten konnten.

Es ist offensichtlich, dass der sogenannte »Praxismensch« nicht die beste Autorität ist. Was hat der Psychologe dazu zu sagen? Er hat mit dem menschlichen Geist in seiner täglichen Arbeit zu tun und sollte in der Lage sein, uns ein besseres Bild zu vermitteln.

Schauen wir einen Moment zurück auf unsere Betrachtung der menschlichen Persönlichkeit. Wir haben sie in drei Ebenen aufgeteilt, in die bewusste, unterbewusste und überbewusste Ebene, und die Vermutung ausgesprochen, dass die beiden Letzteren für den Menschen von größerer Bedeutung sind als das gewöhnliche Wachbewusstsein. Aber dennoch ist der bewusste Geist jener Teil von uns, mit dem wir während unseres Daseins auf diesem Planeten arbeiten und uns entwickeln, und aus diesem Grund muss er die leitende Autorität bei unseren mentalen und magischen Arbeiten sein. Wenn wir ihm das zugestehen, können wir nicht umhin, die Grenzen dieser Autorität zu definieren. Sie kann und soll führen, aber die eigentliche Arbeit muss auf der unterbewussten Ebene geschehen.

Der unterbewusste Geist, berücksichtigt man seine evolutionäre Entfaltung und die dazu erforderliche Zeit, ist viel älter als der bewusste Geist, und er behält einen aus seiner uralten Vergangenheit stammenden Charakterzug, indem er, wie wir schon sagten, mit »Bildern« und nicht mit Worten arbeitet. Jeder der fünf physischen Sinne, die dem Gehirn Bericht erstatten, senden diesem in einer Reihe Bilder visueller, greifbarer, hörbarer, riechbarer und geschmacklicher Art, und diese Bilder verbinden sich im unterbewussten Geist mit ihren entsprechenden Gefühlsregungen. Wenn also bewusst ein sorgfältig ausgewähltes Bild das Unterbewusstsein erreicht, kann es die entsprechende Emotion hervorrufen.

Da die Gefühle die subjektiven Aspekte der Triebkräfte

sind, die aus den tieferen Schichten des menschlichen Geistes empor quellen, ist es offensichtlich, dass durch den richtigen Gebrauch solcher bewussten Heraufbeschwörungen das »Potenzial« oder der Lebensdruck innerhalb der Persönlichkeit beträchtlich gesteigert werden kann. Wir sehen dies in einer entstellten Form abnormaler Kräfte bei einigen Geisteskranken während ihrer Anfälle, oder auch in höherer und oft bewundernswerter Form gelegentlich in persönlichen Gefahrensituationen, wo wir zu Leistungen und Verhaltensweisen imstande sind, zu denen wir unter gewöhnlichen Bedingungen außerstande gewesen wären. Die hypnotischen Phänomene lassen uns denselben Tatbestand erkennen unter Bedingungen, die wir willentlich hervorrufen und studieren können. Bei der Hypnose bemerken wir, dass in diesem Zustand jede suggerierte Vorstellung eine unmittelbare Auswirkung auf die Dynamik der Persönlichkeit hat, wenn einmal die Barriere oder »Bewusstseinsschwelle« durchstoßen ist und den unterbewussten Ebenen erlaubt wird, an die Oberfläche zu steigen.

In vielen mystischen und okkulten Denksystemen aus östlichen Quellen wird mit großem Nachdruck auf die Wichtigkeit des Meditierens hingewiesen und diese Yogasysteme aus dem Osten enthalten geeignete Übungsmethoden. Was auch die Vorteile des Yoga sein mögen, die Nachteile bei der Anwendung von östlichem Yoga durch westliche Körper haben sich in der Praxis als beträchtlich erwiesen, und aus diesem Grund zieht der westliche Magier es vor, wenn er diese Yogatechniken benutzt, ein verändertes, den westlichen Verhältnissen angepasstes System zu verwenden.

Die rein mentalen Meditationsmethoden beharren auf die

Kontrolle und Hemmung der körperlichen Sinne – es wird behauptet, dass dies nötig ist, um unerwünschte Gedanken auszuschließen, den Geist unbeirrbar auf nur einen einzigen Gedanken zu richten, und nicht zu erlauben, irgendwelche von dem erwählten Denkobjekt ablenkende Sinneseindrücke aufzunehmen.

Im magischen System jedoch werden die Bilder, die von den verschiedenen Sinnen in den Geist hinein geleitet werden, als »Suggestionen« für den bewussten Geist benutzt, der sich infolge des Rituals in einer besonders empfänglichen Verfassung befindet und fortfährt, der Linie der eingeschlagenen Konzentration zu folgen. Man könnte das eine Art »psychisches Jiu-Jitsu« nennen, durch das die große Kraft der Sinneseindrücke dazu verwendet wird, den Geist gegenüber Abschweifungen und Störungen immun zu machen.

Bevor jedoch solche Vorstellungen eine solche Wirkung haben können, müssen zwei Dinge getan werden. Der Geist muss zunächst auf das betreffende Vorstellungsbild »konditioniert« werden. Bewusst und beharrlich muss das betreffende Bild im Geist festgehalten und mit den dazugehörigen Gefühlen verbunden werden, und zwar so lange, bis das in der Vorstellung festgehaltene Bild die ihm entsprechenden Emotionen aus den unterbewussten Schichten empor quellen lässt. Zweitens muss sowohl bei der Durchführung eines Rituals wie auch bei irgendeiner Art von Autohypnose die Bewusstseinsschwelle nach unten verschoben werden, so dass die unterbewussten Schichten ins Bewusstsein aufsteigen und für die suggestive Kraft des erwählten Gedankens erreichbar werden.

So ist es mit allen magischen »Requisiten« – dem Schwert,

dem Stab, dem Pentagramm, dem Kelch, den magischen Kreisen, Dreiecken und Siegeln, mit den Lichtern, der Kleidung, dem Weihrauch, den sonoren Worten der Anrufung und den »barbarischen Namen« der Heraufbeschwörung – also bei jeder magischen Arbeit, durch die ein verstärkter suggestiver Prozess auf den unterbewussten Geist ausgeübt werden soll. Eine solche zusätzliche Suggestion bewirkt das, was man eine mentale Veränderung der Triebkräfte nennen könnte, und daher mit unserer früheren Definition der Magie als »die Kunst, willentlich Bewusstseinsveränderungen herbeizuführen« übereinstimmt.

Welche Bewusstseinsschichten erreicht werden, ist abhängig von den benutzten Symbolen und Dingen und auch von der Menge der bewussten Ideenassoziationen, die der Ausübende hinein gelegt hat. Magie hat mit irrationalem Aberglauben überhaupt nichts zu tun, sondern beruht, was immer zu beachten ist, auf psychologischen Grundgesetzen und verfügt über eine eigene Technik. Mit aus dem Osten stammenden magischen Systemen befassen wir uns hier nicht, denn dieses Buch wurde für Menschen der westlichen Welt geschrieben und hat die Theorien und Praktiken der westlichen Schulen zur Grundlage.

Die »Westliche Tradition«, um ihr eine Fachbezeichnung zu geben, ist eine vielschichtige Sache und umfasst einerseits die magischen Techniken aller Länder des Mittelmeerraumes wie auch die einheimischen Systeme der Altnordischen und Kelten. Der durchschnittliche Mensch, wenn er überhaupt dazu zu bringen ist, über Magie zu diskutieren, kommt in der Regel mit vorgefassten Meinungen, die sich meist auf die stückweise überlieferten magischen Praktiken aus dem europäischen

Mittelalter beziehen. Solche Fragmente aus magischen »Grimoires« geben nur ein höchst unvollständiges Bild der westlichen Magie wieder, aber dennoch beziehen sich unsere Kritiker gerade darauf als einen Beweis für die Torheit und den Aberglauben des praktizierenden Magiers. Indessen könnte mit den gleichen Argumenten auch jede Kritik, zum Beispiel an der Römisch-Katholischen Kirche, gestützt werden, und in der Tat, die so verächtliche Bezeichnung »Hocus Pocus«, mit der so gern die magischen Praktiken verspottet werden, ist die protestantische Verzerrung des feierlichsten Teiles der christlichen Eucharistie »Hoc est enim corpus meum« – »Denn dies ist mein Leib«. Bestimmte Missbräuche und abergläubische Vorstellungen haben dazu geführt, dass diese verdrehten Worte als Verhöhnung sowohl der römisch-katholischen Priester wie auch der magischen Adepten benutzt wurden.

Wir halten es jedoch für angebracht und für das bessere Kriterium, wenn wir in einer menschlichen Institution die besten Seiten hervor heben, nicht aber die schlechtesten. Ungeachtet des Anspruches, der von der Katholischen Kirche erhoben werden mag, dass sie ein übernatürlich organisierter Körper sei, oder der Behauptung magischer Adepten, dass sie aus »undenklichen Zeiten« stammende Weisheit besäßen, ist es klar, dass zu ihren Organisationen auch fehlbare Menschen gehören, deren Fehler und Unvollkommenheiten sich unvermeidbar auf das Gesamtbild ihrer Glaubensthesen und Lehrsätze auswirken.

Die westliche magische Tradition behauptet von sich selbst, dass sie die Erbin eines Lehr- und Praxissystems ist, das aus fernstem Altertum zu uns gekommen ist, und dass die grundlegende Philosophie, welche die Basis ihrer Organisation darstellt, jene hebräischen mystischen Lehren sind, die als Kabbala bekannt sind. Das Wort Kabbala enthält seiner sprachlichen Herkunft nach die Idee der Verschwiegenheit, weil es sinngemäß die mündliche Wissensübermittlung »vom Mund zum Ohr« bezeichnet. Und tatsächlich, diese mündliche Überlieferung geht viel weiter zurück als die niedergeschriebenen und veröffentlichten Sammlungen jener Arbeiten wie des »Sefer Jesirah«, eines der kabbalistischen Standardwerke.

In allen alten mystischen und magischen Übungssystemen finden wir neben gewissen philosophischen Lehren ein Symbol oder eine Gruppe von Symbolen, die für die Schüler dieses Systems von besonderer Bedeutung sind. Solche Symbole sind im Osten als »Mandalas« bekannt und einige sind überaus kompliziert.

In der westlichen Tradition gibt es eine Glyphe, ein zusammengesetztes Symbol, das man die Basis aller mystischen Lehren nennen könnte, das Diagramm des Lebensbaumes, und diese Glyphe wird beschrieben als »die mächtige, allumfassende Glyphe sowohl des Universums wie auch der menschlichen Seele«. Dieser »Baum des Lebens« ist es, auf den sich all die einzelnen Detailarbeiten der zeremoniellen Magie des Westens gründen. Wenn zum Beispiel der Magier ein Experiment macht, bei dem die Kräfte des Jupiter eine Rolle spielen, wird er solche Gegenstände benutzen, die zum Jupiter-Aspekt des Lebensbaumes in Beziehung stehen. Er wird beispielsweise eine hellblaue Robe tragen, Zedernholz in der Räucherschale verbrennen, vier Kerzen entzünden und den hebräischen Namen der Jupiter-Sphäre verwenden.

Es sei hier darauf hingewiesen, dass der Magier das Prinzip der »Ideenverbindungen« benutzt, wobei aber zu betonen ist, dass diese Ideen-Assoziationen in erster Linie von einer mentalen Kontaktherstellung zwischen den verschiedenen Details und der zentralen Grundidee abhängen. Eine solche Verbindungsherstellung mag absichtlich oder unabsichtlich zustande kommen. Im ersten Fall handelt es sich um eine bewusste und wohlüberlegte Assoziation bestimmter Ideen, während im zweiten Fall der Vorgang ein unmittelbarer und unterbewusster ist. Einen Knoten ins Taschentuch zu machen, um sich davon erinnern zu lassen, dass man einen ganz bestimmten Gegenstand kaufen will, wäre ein Beispiel für die erste Klasse, während die Gedankenverbindung zum Beispiel zwischen einer Wurst und einem Luftschiff ein natürliches Beispiel für die zweite Klasse ist. Solche unwillkürlichen Assoziationen erweisen sich oft als kraftvoller als die mit Willen und Überlegung gefassten, denn sie repräsentieren direkt das Arbeiten des unterbewussten Geistes.

Aber die bewusst gestalteten Assoziationen können ebenso kraftvoll sein, wenn sie richtig aufgebaut werden, und diese bewusst geübten bildhaften Vorstellungen sind die Basis für die Arbeit des praktizierenden Magiers. Durch dieses bewusste Üben wird es ihm möglich, bestimmte Vorstellungsbilder und Sinneseindrücke mit den ihnen gemäßen Gefühlen zu verknüpfen, und eine bewusste und zielgerichtete Konzentration veranlasst das Auftauchen einer ihr entsprechenden gefühlsmäßigen Reaktion immer dann, wenn ein dementsprechender Sinneseindruck empfangen wird. All das findet jedoch an der Oberfläche des Bewusstseins statt.

Wenn wir wünschen, bei unseren Assoziationsübungen auch mit der Kraft der magischen Beschwörung zu arbeiten, müssen wir uns vornehmen, mit Nachdruck auf die tieferen Schichten unseres Unterbewusstseins einzuwirken, da es dadurch möglich wird, ganz bestimmte Resultate zu erzielen. Zu diesem Zweck kann man zu einigen autohypnotischen Hilfsmitteln greifen, zum Beispiel einen Rosenkranz benutzen oder in der meditativen Konzentration das Ritual selbst oft wiederholen. Der Rosenkranz wird zwar üblicherweise mit der Römisch-Katholischen Kirche in Verbindung gebracht, doch sei bemerkt, dass sich sowohl die Mohammedaner als auch die Buddhisten des Rosenkranzes als Konzentrationshilfsmittel bedienen. Eine andere Technik zur Erzielung der Autohypnose ist die Anwendung blitzartig aufleuchtender Farben.

Doch bevor Beschwörungen vom Unterbewusstsein sicher durchgeführt werden können, ist es nötig, dass eine gewisse Charakterbildung erfolgt ist, und darüber wollen wir im nächsten Kapitel sprechen.

KAPITEL V
DIE KÖNIGE VON EDOM

Die Charakterbildung des Magiers ist sehr verschieden von dem, was der Durchschnittsmensch damit verbindet, denn die magische Charakterformung umschließt die willensmäßige und zweckgerichtete Umerziehung sowohl des bewussten wie auch des unterbewussten Geistes. Die üblichen Methoden der Charakterbildung befassen sich hauptsächlich mit dem bewussten Geist, wobei die unterbewussten Ebenen, wenn überhaupt, nur so nebenbei berührt werden. Es ist nicht so, dass etwa der Magier von vornherein im Gegensatz zu dieser allgemeinen Auffassung steht. Er kultiviert sowohl die bewussten wie auch unterbewussten Ebenen, und wenn er erkannt hat, dass das Unterbewusste der größere Teil des Geistes ist, neigt er natürlich dazu, dem größeren Teil mehr Aufmerksamkeit zu widmen.

Wenn der Magier nach den ihm bekannten okkulten Richtlinien seine mentale Schau nach innen auf seine eigene Persönlichkeit richtet, findet er, wie wir schon sagten, dass diese unvollkommen und in vieler Hinsicht noch recht unentwickelt ist, und er erkennt, dass es nötig ist vieles von dem gegenwärtigen Gebäude abzureißen, bevor er mit der Arbeit am eigentlichen Überbau, gestützt von einem soliden Fundament, beginnen kann. Ihm stellt sich dann die Frage, wie viel kann sicher entfernt werden und wie soll er prüfen, welche Teile abgerissen werden sollen und welche sollen bleiben?

Dies erfordert die Überlegung, was als böse gilt, denn es

ist offensichtlich, dass es die bösen Aspekte der Persönlichkeit sind, die abzureißen sind. Aber wie sollen wir in der Lage sein, das Böse zu bestimmen? Viele Dinge, die von einigen Leuten als »Böse« betrachtet werden, sind das in den Augen anderer keineswegs! Gibt es eine grundlegende Prüfungsmethode, die uns als Richtschnur dienen kann? Die Antwort ist, dass es eine solche Prüfungsmöglichkeit gibt, die laut dem kabbalistischen System in der Geschichte von Abram und den Königen von Edom dargestellt ist. Diese Legende steht im 14. Kapitel der Genesis, und im Hinblick auf den Zweck dieses Buches erscheint es angebracht, hier eine kurze Zusammenfassung zu geben. Wer dies bevorzugt, kann den ganzen Bericht auch selbst nachlesen.

In Kürze: Abram schloss ein Bündnis mit gewissen Königen, die gegen vier andere Stammesherrscher kämpften, und als er vernahm, dass sein Neffe von den Feinden gefangen genommen worden war, rüstete er selbst eine Strafexpedition aus und besiegte mit ihnen die Gegner und befreite dabei seinen Neffen. Diejenigen, gegen die er kämpfte, werden »die Könige von Edom« genannt, und in den kabbalistischen Büchern werden sie bezeichnet als »jene, die regierten, als es noch keinen König von Israel gab«.

Aus dieser Schlacht mit den Königen zurückgekehrt, begegnete Abram dem mysteriösen Wesen Melchisedech, dem König von Salem, dem Priester des Allerhöchsten Gottes, der ihm das mystische Mahl aus Brot und Wein anbot und ihn segnete. Im Brief an die Hebräer wird dieser Melchisedech beschrieben als »ohne Vater und Mutter, als ohne Lebensanfang und ohne Lebensende, als ein immerwährender Priester«. Man kann die Geschichte natürlich ihrem Wortlaut gemäß auffassen. Abram, ein Nomadenhäuptling, besiegt in einer Allianz mit anderen die gemeinsamen Feinde und wird von einem lokalen Stammespriester gesegnet.

Die Kabbalisten aber betrachten die Bücher des Alten Testamentes in etwas anderer Weise. Die Torah, das Göttliche »Nemos«, war so, wie sie niedergeschrieben wurde, der Körper des Gesetzes; doch gerade wie ein menschlicher Körper leblos und unbrauchbar ist ohne Beseelung, so ist auch das niedergeschriebene Gesetz nutzlos ohne den es belebenden Geist – die Kabbala. So repräsentiert in dieser Geschichte von Abram und den Königen von Edom jeder Charakter einige Teile der menschlichen Persönlichkeit, und die Vorgänge in dieser Geschichte zeigen das Zusammenspiel dieser Teile des Geistes.

Bevor wir diese Geschichte auf ihre esoterische und magische Anwendung hin untersuchen, wollen wir das Problem des Bösen an sich betrachten. Was ist »böse«? Nach den magischen Lehren gibt es verschiedene Arten des Bösen, von denen einige, so paradox es scheinen mag, gar nicht so böse sind! Die erste Art des Bösen ist der angeborene Widerstand gegenüber der Formungskraft. Eine organisierte Form fordert von einer frei beweglichen Kraft gewisse Einschränkungen, aber gerade diese Beschränkung und dieses Gegenüberstehen erlauben es, die Kraft zu kontrollieren und zu leiten. Im physikalischen Leben beobachten wir, dass erst der Widerstand zwischen den Füßen und dem Untergrund es möglich macht, uns vorwärts zu bewegen – in einer widerstandslosen Welt wäre das Gehen unmöglich und Muskelkraft unwirksam –, und dieses Prinzip des Widerstandes arbeitet auch auf vielen anderen Gebieten. Durch den Widerstand des Kessels, des

Zylinders und Kolbens wird der Dampf verdichtet und dazu gebracht, nützliche Arbeit zu verrichten. Also ist die böse »Trägheit« in Wirklichkeit gar nicht böse, sondern eine Teilfunktion des sich entfaltenden Universums.

Es gibt allerdings eine Form von Trägheit, die das normale und nützliche Maß überschreitet, und diese Form kann durchaus als böse bezeichnet werden. Es ist die Trägheit der Formlosigkeit, des Chaos, es ist der »Abort des Raumes«, der kosmische Treibsand. Hier gibt es keinen bestimmten Widerstand, kein Sprungbrett, von dem aus das Leben größere Höhen erklimmen kann. Aber so wie die veränderlichen Treibsande, obwohl sie keinen Ansatz für einen »Absprung« finden, noch sich anklammern oder sich behindern lassen wollen, schließlich doch in ihre eigenen Tiefen hinab sinken, so ist es auch mit dem kosmischen Chaos. Sich entwickelndes Leben, das keinen Widerstand und keine Stütze als Hebelansatzpunkt findet, wird wohl als impotent verschlungen und in »das Chaos, in die Finsternis und in die Tore des Landes der Nacht« zurück genommen werden.

Eine dritte Form des »Bösen« ist die, welche als »unausgeglichene Kraft« bezeichnet wird. Hier handelt es sich um eine an sich durchaus gute und nützliche Kraft oder Energie, die aber in Raum oder Zeit deplatziert ist, und das sich daraus ergebende aus-dem-Gleichgewicht-sein ist in der Tat böse. Wollen wir einmal ein oder zwei Beispiele für diese Art von unausgeglichener Kraft betrachten.

Brennende Kohle im Ofen ist eine nützliche Sache, sie erwärmt den Raum. Fällt sie aber heraus auf den Teppich, verwandelt sie sich sofort in eine höchst üble Angelegenheit. Sie setzt das ganze Zimmer in Brand, zerstört unser gesamtes

Eigentum und unter Umständen vernichtet sie sogar unser Leben. Wasser in der Badewanne ist gut, aber wenn es überläuft und das Treppenhaus hinab strömt, ist es böse. Diese zwei Beispiele mögen als Illustration dienen für das, was unter »fehl im Raum« zu verstehen ist. Ebenso ist es mit der Deplatzierung in der Zeit. Es gibt davon zwei Arten: das Zurückgehen in die Vergangenheit und die Vorwegnahme der Zukunft.

Versuche, die Moralanschauungen und die ethischen Verhaltensweisen früherer primitiver Kulturperioden zurück zu holen und wieder aufleben zu lassen, sind für den modernen zivilisierten Menschen etwas »Böses«, denn es würde einer Umkehr der Entwicklungstendenz gleichkommen. Aber es ist eine ebenso böse Sache, wenn jemand mit den Grenzen und der mentalen Auffassung der Gegenwart zu weit nach der Zukunft greift und versucht mit den Gegebenheiten des 20. Jahrhunderts einen Zivilisationsstand zu materialisieren, der der Norm der Menschen in etwa, sagen wir, zehntausend Jahren entspricht. Der Verfasser dieses Buches hörte eines Tages die Bemerkung: »Der Löwe mag irgendwann friedlich neben dem Lamm liegen – aber zuerst muss eine radikale Veränderung seines Verdauungsapparates stattgefunden haben!«

Dieses zu weit in die Zukunft Vorausdenken ist die Ursache der Enttäuschungen, denen viele Pazifisten unterliegen. Obwohl eine rein pazifistische Haltung nur in einer gut überwachten Gemeinschaft möglich ist, wäre in einer solchen Gemeinschaft das gleichzeitige Vorhandensein und Eingreifen der Polizei untragbar. Wem diese Äußerung zynisch vorkommt angesichts dessen, was die großen religiösen Lehrer verkündet haben, der sei auf die katholischen sogenannten

»evangelischen Räte« (Keuschheit, Armut, Gehorsam)* verwiesen. Das Ideal der Zukunft soll immer angestrebt werden, aber obwohl diese Vision die inspirierende Kraft enthält, die schließlich zu ihrer Verwirklichung führen wird, ist eine unzeitgemäße Vorwegnahme solcher Lebensbedingungen böse.

Diese Arten des Bösen können »das positive Böse« genannt werden, aber es gibt noch etwas, was man als doppeltes Böses bezeichnen könnte. Hier kommen wir zu einem Punkt, der in den modernen Tagen gerne übersehen wird – die Existenz des »organisierten« Bösen. Es scheint fast, als habe der materialistische Überhang aus dem vergangenen Jahrhundert im Geist der modernen Menschen eine unbewusste Hemmung errichtet, so dass es für sie außerordentlich schwierig ist zu erkennen, dass es so etwas wie ein organisiertes Böses überhaupt geben kann und auch existiert, sowohl auf den physischen wie paranormalen Ebenen.

Die berechnete Bestialität, die sich während des Krieges zeigte, hätte eigentlich unseren Idealisten die Augen für die Möglichkeit des organisierten Bösen öffnen sollen. Wir sagen ausdrücklich »hätte sollen«, denn einige von unseren Freunden, Idealisten durch und durch, äußerten kürzlich die Meinung, dass alle diese Geschichten über abscheuliche Grausamkeiten jeder Grundlage entbehrten und bloße Propagandamärchen seien, »weil einfach niemand so böse sein könne, um solche Dinge zu tun«! Diesen Idealisten wurde geraten, gewissen Gerichtsverhandlungen beizuwohnen und sich anzuhören, was für Gemeinheiten und Scheußlichkeiten

---

* Evangelische Räte bezeichnen jene Weisungen (»Räte«), die Jesus nicht allen Jüngern gab, sondern nur denen, die er für dazu berufen hielt (Wikipedia, abgerufen am 04.03.2011, Anm. des Hrsg.).

da vor dem Richter zur Sprache kommen. Dieser Rat wurde aber mit heftiger Gefühlserregung zurück gewiesen, was verrät, dass der alte Adam selbst in den Herzen der Pazifisten noch nicht ganz tot ist.

Alle alten Religionen haben die Existenz eines organisierten geistig Bösen gelehrt und im christlichen Glauben wurde es als Satan personifiziert. Auch Paulus spricht von diesem organisierten Bösen in den paranormalen Ebenen, wenn er sagt: »Denn wir haben nicht mit Fleisch und Blut zu kämpfen, sondern mit Fürsten und Gewaltigen, nämlich mit den Herren der Welt, die in der Finsternis dieser Welt herrschen, mit den bösen Geistern unter dem Himmel« (Epheser, 6.12). Im Lauf der Evolution des Universums haben sich verschiedene Arten der Energien deplatziert und sich zu fehlgeleitetem Denken in der gesamten menschlichen Evolution gesammelt, durch alle Zeitalter hindurch. Dadurch wird die psychische Atmosphäre dieses Planeten periodisch geladen und überschattet sie durch die »bösen« Schwingungen an ganz bestimmten Zeitpunkten; das sich entwickelnde Leben stockt. Dann kommen große Seelen auf die Erde, um im Geiste der Menschen die Erinnerung an die Wege der Weisheit und des Friedens zurückzurufen und um »der unter der Sünde und dem Leid stöhnenden Menschheit ihre schwere Bürde wieder ein wenig zu erleichtern«.

Das wichtigste und entscheidendste Ereignis dieses Evolutionszyklus fand vor rund zweitausend Jahren statt, als der Abstieg des Lebens in die Form seinen Tiefpunkt erreicht hatte und das ganze manifestierte Leben in Gefahr kam, völlig ins Stocken zu geraten oder in chaotische Zustände zurück zu fallen. Dann kam Er, die inkarnierte Manifestation des

Logos, der Herr des Lichtes, und durch Seine Identifikation Seiner Selbst mit der gesamten Menschheit sammelte Er in sich all die üblen Bedingungen auf dem Planeten und wandelte sie mit Seiner Kraft um in höhere Zustände und Einflüsse – eine weltweite Alchemie!

Durch Sein Leben und Seinen Tod schuf Er die Möglichkeit eines direkten Kontaktes zwischen der transzendenten Gottheit und der sich entwickelnden Menschheit und bildete einen Kanal, durch welchen die erneuernden Göttlichen Energien in die Weltenseele einzufließen imstande waren, und auf diese Weise wurde »ein neuer und lebendiger Weg« geschaffen, auf dem die Menschen das Himmelreich zu erreichen vermögen.

In dem Gleichnis vom verlorenen Sohn finden wir nicht nur beschrieben, wie der Sohn sich nach seiner langen und schmerzvollen Reise ins ferne Land entschloss, nach Hause zurückzukehren, sondern auch, wie der Vater den Sohn schon aus der Ferne erblickte und ihm entgegen lief. So eilt auch der transzendente Logos seinen zu ihm zurückkehrenden Kindern entgegen, sobald sie den Weg nach Hause betreten haben, jenen Weg, den eines Tages alle Menschen beschreiten müssen, und dadurch gleicht der Herr der Liebe, der auch der Herr des Gleichgewichts ist, die aus der Balance geratenen Kräfte im Universum wieder aus. So ist es auch im Herzen jedes einzelnen Individuums, und aus diesem Grund wird dem Studierenden der Magie in einem Ritual gesagt, dass er das Heilige Brot des Lebens und den Kelch der ewigen Erlösung entgegen nehmen soll, »wenn du in deiner eigenen Natur die Könige der aus dem Gleichgewicht geratenen Kräfte besiegt haben wirst.«

Diese Herstellung des Gleichgewichtes ist von allerhöchster Bedeutung für jeden, der wünscht, auf dem Gebiet der Hohen Magie tätig zu werden, wobei sich sein innewohnender Geist durch den Schleier der irdischen Hülle hindurch manifestieren wird, und das ist auch der Grund, weshalb in den östlichen Traditionen immer wieder gesagt wird, dass »Urteilskraft die erst Tugend auf dem Pfad ist«. Denn die Kraft des innewohnenden Lichtes, wenn sie sich in die niedere irdische Persönlichkeit ergießt, aktiviert alle Bewusstseinsschichten, gute und böse; verdrängte Komplexe explodieren gleichsam, und die gesamte psychische und mentale Natur gerät in Aufruhr. Wer also unwürdig und mit unausgeglichener Persönlichkeit aus dem Gral des Heiligen Schutzengels trinkt, trinkt seine eigene Verurteilung, weil die gewaltigen Mächte, die er in sich beschworen hat, seine falschen egozentrischen Sinne aufblähen, seine unausgewogenen Leidenschaften intensivieren und schließlich mit einer Auflösung seiner Persönlichkeit beginnen. Für einen solchen Menschen steht als Symbol »Der berstende Turm«, denn das Haus seines Lebens wird durch das Himmlische Feuer zerstört, und er wird dorthin geworfen, »wohin ihm niemand zu folgen vermag«, er wird zu einem Sohn der Verdammnis, zu einem herum irrenden Stern, für den die schwärzeste Finsternis Zeitalter für Zeitalter reserviert ist.

Dass ein solches Schicksal alle erwarten würde, die sich den magischen Künsten zuwenden, ist natürlich falsch, und es ist eine oft beobachteten Tatsache, dass magische Rituale, richtig angewandt, für das Erreichen des inneren Gleichgewichtszustandes, der die Grundlage für das Große Werk ist, von größter Bedeutung sein können. Der Neophyt ist gewarnt und weiß, dass er vor allen anderen Dingen zunächst die wahre Demut entwickeln muss – nicht die Unterwürfigkeit eines Uriah Heep – die Demut dessen, der da sagte: »Ich bin unter euch derjenige, der dient.« In den Anfangsgraden bestimmter Mysterien verneigt sich der Neophyt gen Osten in der rituellen Haltung der Demut, hält den Kopf gesenkt und die Handflächen nach oben gekehrt, und ihm wird immer wieder eindringlich gesagt, dass er nur als selbstloser Diener des Lichtes die Kräfte zu gewinnen vermag, die ihn schließlich zum Ort des Allerhöchsten erheben werden.

KAPITEL VI
ANRUFUNG UND BESCHWÖRUNG

Ich kann die Geister aus den gewaltigen Tiefen rufen«, erklärt eine der Gestalten Shakespeares, woraufhin sein Freund erwidert: »Warum auch nicht? Das kann ich auch, und das kann jedermann. Aber ob sie auch kommen, wenn man sie ruft?« Dies ist natürlich der Kern der Sache. Der durchschnittliche Mann der Straße betrachtet diese Dinge äußerst skeptisch und würde ohne Zögern eine solche Frage mit einem nachdrücklichen »Nein!« beantworten und die Versuche als Eitelkeit eines fehlgeleiteten Magiers bezeichnen. Der Volksglauben hat erheblich dazu beigetragen, sich den Magier als jemanden vorzustellen, der die Bewohner unsichtbarer Welten beschwört oder dies zumindest behauptet.

Eingedenk unserer Definition des Begriffes Magie als die Kunst, willentlich Bewusstseinsveränderungen hervorzurufen, ist es wichtig, dass wir zunächst die ganze Frage des Anrufens und Beschwörens vom subjektiven Standpunkt aus betrachten müssen. In anderen Worten, wir nehmen für einen Moment an, es ist dem Magier möglich, Wesenheiten anderer Existenzbereiche »in sichtbarer Gestalt zu beschwören«, dann müssen wir versuchen zu zeigen, dass es die Persönlichkeit des Magiers selbst ist, die den Kanal bildet, durch die derartige Manifestationen hervor gebracht werden.

Es ist ein Hauptprinzip in den westlichen esoterischen Schulen, dass die verschiedenen Ebenen der Natur voneinander getrennt sind, also nicht ineinander übergehen; das heißt, dass jede Existenzebene ihre eigenen Gesetze und ihre eigenen speziellen Arbeitsmethoden hat und keinen unmittelbaren Einfluss auf andere Ebenen ausübt. Wenn überhaupt untereinander Beeinflussungen vor sich gehen, dann sind sie nur indirekter oder »induktiver« Natur. Das Phänomen der elektrischen Induktion vermag uns hier ein verständliches Beispiel zu geben. Wenn an eine unter Wechselstrom stehende Drahtspule eine andere, nicht geladene Spule ähnlicher Art nahe herangebracht wird, ohne jedoch die elektrisch geladene direkt zu berühren, dann wird ein an die nicht geladene Spule angeschlossenes Galvanometer ausschlagen und anzeigen, dass auch in Letzterer ein Stromfluss vorhanden ist.

Außerdem kann festgestellt werden, wenn die Strom tragende Spule mit einem Galvanometer verbunden wird, dass, wenn die zweite Spule ihren elektrischen Widerstand verändert, der freie Fluss der Elektrizität in der ersten Spule entweder gehemmt oder gesteigert wird, was zeigt, dass beide Spulen irgendwie aufeinander einwirken. So ist es auch mit den verschiedenen Seinsebenen. Die höhere ist negativ oder empfangend allem gegenüber, was höher ist als sie selbst, doch positiv oder dynamisch allem Niedrigeren gegenüber. Aber ebenso reagiert die niedere Ebene auf die höhere, und das ist die Rechtfertigung für den biblischen Ausspruch, dass das Königreich des Himmels »Gewalt erleidet und im Sturm erobert wird«.

Die Erfahrung hat nun gezeigt, dass die einzelnen Ebenen durch die entsprechend eingestellte Linse eines oder mehrerer organisierter Bewusstseine in direkten Kontakt miteinander kommen können. Der beste Kontaktpunkt dafür ist ein geübtes und ausgeglichenes menschliches Bewusstsein. Der menschliche Geist enthält die Schwingungsfrequenzen aller Bewusstseinsebenen, und durch ein Einstellen auf bestimmte Punkte ist es möglich, eine Verbindung zu anderen Existenzebenen aufzubauen. Es ist ein Prozess des »Einstimmens«, wie er auch beim Radio üblich ist, und wieder passt die elektrische Analogie sehr genau. Wenn wir unseren Empfänger auf das gewünschte Programm einstellen, welcher Art es auch sein mag, hören wir nicht unmittelbar die Originalstimme des Sängers oder den Klang der Instrumente. Was wir hören, ist eine Reproduktion, eine projizierte Wiedergabe der Originaltonschwingungen.

Genauso ist es bei den magischen Beschwörungen und Anrufungen. Wir stellen eine Verbindung her zwischen unserem eigenen energiegeladenen Bewusstsein und dem Bewusstsein jener Wesenheiten, die wir anrufen, und die »sichtbare Erscheinung« dessen, was wir heraufbeschworen haben, ist eine Projektion aus unserem eigenen Geist. (Genau das Gleiche ist übrigens der Fall, wenn wir ein Bild mit unseren physischen Augen formen! Die Lichtschwingungen treffen auf die Retina, bewirken Nervenimpulse im Sehzentrum und wir projizieren daraufhin ein den empfangenen Impulsen entsprechendes mentales Bild.)

In beiden Fällen aber gründen die Reaktionen auf eine objektive Realität, ganz gleich welcher Art, ob physikalisch oder paranormal, und hier werden wir konfrontiert mit der sogenannten »objektiven« Betrachtungsweise. Die magische Tradition lehrt, dass alle Existenzformen »per se« vorhanden sind und dass jede ihren bestimmten Platz in der Natur hat.

Aber – und das ist wichtig – die Erscheinungen, die gesehen werden, sind bedingt durch den subjektiven mentalen Mechanismus des Magiers. Durch diese mechanisch ablaufenden Vorgänge wird also die wirkende Kraft und Energie der unsichtbaren Wesenheiten in das Wachbewusstsein hinein geleitet. (Es ist aber nicht so, dass die »echten« Kräfte der Unsichtbaren hindurch kommen, sondern es handelt sich vielmehr um eine Folgeerscheinung der Kontaktherstellung zwischen dem Bewusstsein des Magiers und dem des angerufenen oder beschworenen Wesens, in Aktion gesetzt durch die im Magier selbst aktivierte Bewusstseinskraft, und diese korrespondierende Kraft ist es, die projiziert wird und schließlich das gewünschte Resultat herbeiführt.)

Dabei ist es wichtig, den Unterschied zwischen einer »Invokation«, Anrufung, und einer »Evokation«, Beschwörung, zu kennen. Bei einer Invokation bemühen wir uns, die Aufmerksamkeit eines Wesens übergeordneter Existenzbereiche oder die von kosmischen Kräften höherer Ordnung auf uns zu ziehen. Bei einer Evokation benutzen wir unsere Willenskraft, um auf Bewohner niederer Ebenen einzuwirken und sie zu zwingen, unsere Wünsche auszuführen. In beiden Fällen erfolgt die Kontaktherstellung durch unsere eigenen mentalen Kanäle, doch eine magische Technik wurde entwickelt, durch die der wesentliche Unterschied zwischen den beiden Einflussgruppen, den höheren und den niederen, vor dem magischen Ritual ausgeglichen werden kann. Der Grund dafür ist klar, denn sollte im Geist des Magiers irgendeine Unklarheit vorhanden sein, könnten die Folgen unheilvoll sein.

Lassen Sie uns dies kurz vom psychologischen Standpunkt

her betrachten. Wenn die Kräfte, oder Wesenheiten, die durch Anrufung herbei geholt wurden, den überbewussten Teil des Geistes repräsentieren, dann stammen die Wesen, die auf die beschwörenden Befehle des Adepten hin antworten – oder besser, durch ihn arbeiten – aus den unterbewussten Schichten. Doch während die überbewussten Kontakte die Tendenz zu einer größeren und wirkungsvolleren Ergänzung des Geistes haben, neigen die Kontakte mit den unterbewussten dazu, wenn sie nicht kontrolliert werden, eine teilweise oder totale Zersetzung hervorzubringen, worauf C. G. Jung schon hingewiesen hat. So hat die magische Tradition Techniken entwickelt, die als »Schutzkreis« und als »magisches Dreieck« bekannt sind; zusammen spricht man auch vom »Arbeitsplatz«.

Durch bestimmte Rituale wird der Ort, wo der Magier arbeitet, einer ätherischen Reinigung auf der äußeren Ebene und psychologisch auf der subjektiven Ebene unterzogen, und der Schutzkreis, der auf den Boden gezeichnet wird, stellt eine Art Festung dar, von deren Inneren aus der Magier sein Werk verrichtet. Dann wird außerhalb des Kreises das magische Dreieck gezogen, weil es im Falle des Gelingens der Beschwörung erforderlich ist, dass die objektiv erscheinende Manifestation der Wesenheiten innerhalb gewisser Grenzen und unter scharfer Kontrolle gehalten wird, und im Bewusstsein des ausführenden Magiers sollte immer die ganz klare psychologische Unterscheidung vorhanden sein zwischen ihm selbst, als dem positiven Beherrscher, und den niederen Kräften oder Wesenheiten, die ihm gegenüber negativ sind.

Die Reinigung des Arbeitsplatzes geschieht in der westlichen Magie durch die Benutzung des sogenannten Bann-

Rituals des kleinen Pentagramms, oder, in anderen Fällen, des Hexagramm-Rituals. Das kleine Pentagramm-Ritual wird häufiger benutzt, und seine Wirkung kann vom Verfasser dieser Zeilen, der bei vielen Gelegenheiten damit gearbeitet hat, bezeugt werden. Es handelt sich um eine vom ausführenden Magier anzubringende Kombination von geometrischen Zeichen, von Namen der Kräfte, die von ihm ausgesprochen werden, und von gewissen mentalen Vorstellungsbildern, die klar visualisiert werden müssen, und schließlich um die Anrufung bestimmter hoher Erzengelkräfte selbst.

Wieder, vom psychologischen Gesichtspunkt aus betrachtet, erkennen wir durch Worte und Zeichen die Souveränität des Hohen Selbst an, denn wir ziehen durch unsere Anrufung etwas von seiner Kraft zu uns herunter – von einer Kraft, die zu diesem Zweck von Wesenheiten einer anderen Seinsordnung freigegeben wurde.

In der Mehrzahl der Fälle haben Invokationen oder Evokationen mit dem Ziel einer »sichtbaren Wahrnehmung« nur eine solche psychischer Art zur Folge, das heißt, auf der physischen Ebene ist nichts zu sehen. Wo materielle Sichtbarkeit erfolgt, haben wir es mit einem Vorgang anderer Art zu tun, und das ist die »Materialisation«. Um eine solche Materialisation stattfinden zu lassen, ist es erforderlich, dass eine Quelle jener besonderen Substanz vorhanden ist, die von den Spiritualisten »Ektoplasma« genannt wird. Eine solche Quelle, und zwar die wirkungsvollste von allen, ist die körperliche Anwesenheit einer Person, die nach der Terminologie der Spiritualisten »Materialisationsmedium« genannt wird. Das sind Menschen, die im Besitz einer ganz bestimmten, noch wenig verstandenen Fähigkeit sind, die es ihnen erlaubt, dieses Ektoplasma in größeren Mengen von sich zu geben. Ektoplasma heißt so, weil es sich offenbar um eine besondere Form des Plasmas, um eine lebendige Substanz handelt, die vom Medium ausströmt und sich außerhalb seines physikalischen Körpers manifestieren kann.

Diese Substanz scheint die Fähigkeit zu besitzen, durch Gedanken und Wünsche Formen anzunehmen – und in der Tat, ein typisches Charakteristikum ist ihre Neigung, sich zu organisieren. Die Untersuchungsergebnisse verschiedener Spiritualisten und unvoreingenommener Forscher, wie Sir William Crookes, Baron Shrenck-Notzing und Dr. W. J. Crawford, legen die Vermutung nahe, dass es sich bei Ektoplasma um die Grundsubstanz des lebenden Protoplasmas handelt, also um die Matrize der physischen Organismen.

Es gibt aber auch noch andere Ektoplasma-Quellen, wenn sie auch von anderer Art sind und auch nur in kleineren Mengen zur Verfügung stehen. Bevor wir uns diesen anderen Quellen zuwenden, sei kurz auf eine Methode hingewiesen, die ebenfalls Ektoplasma für eine Materialisation in ausreichender Menge hervor zu bringen imstande ist. Diese Methode ist der Gebrauch frischen Tierblutes. Es ist eine bekannte Methode durch die gesamte Geschichte hindurch und wurde auch von Homer beschrieben. Es gibt eine kaum bekannte Legende der Gnostiker, in der berichtet wird, dass die goldenen Glöckchen, die an der Robe des jüdischen Hohepriesters befestigt waren, dazu dienten, die bei den Blutopfern im Tempel hinzukommenden Wesenheiten zu ermahnen, dass sie menschliche Gestalt annehmen sollten, anstatt in ihren eigenen grotesken Formen zu erscheinen. Wer sich die Mühe macht, die Einzelheiten über die jüdischen Tempelopfer zu studieren, wird die Bedeutung dieser Legende richtig einzuschätzen wissen und auch die Überzeugung gewinnen, dass bei diesen Opfern genügend Blut für Materialisationen vorhanden war.

Viele können bezeugen, dass frisches Blut die Grundlage für Materialisationen sein kann. Erst kürzlich hatte der Verfasser dieses Buches mit einem »Spuk« zu tun, bei dessen Untersuchung sich herausstellte, dass die materielle Basis der vor sich gehenden Manifestationen ein solcher Blutfluss war. Nachdem diese materielle Basis entfernt war, hörten zunächst einmal die objektiv wahrnehmbaren Spukphänomene auf, und anschließend wurde die subjektive psychische Atmosphäre ganz leicht mittels eines Bannrituals gereinigt. Nebenbei sei an dieser Stelle bemerkt, dass viele Spukfälle zurückgehen auf das Bemühen sogenannter »toter« Personen, wieder einen Kontakt mit ihren Hinterbliebenen herzustellen, und die Spiritualisten haben eine wirkungsvolle Technik entwickelt, die es der entkörperten Person ermöglicht, eine Verbindung mit jenen noch auf Erden lebenden Personen zu schaffen, die infolge ihrer Kenntnisse der psychischen Grundlagen imstande sind, bei der nötigen Anpassung an die neuen Lebensbedingungen zu helfen.

Zurück zu unserer Betrachtung weiterer Quellen des Ektoplasmas neben Materialisationsmedien oder Blut. Allgemein wird bei magischen Ritualen eine besondere Art von Weihrauch benutzt, genannt »Kretischer Diptam«. Frische Blumen geben ebenfalls eine beträchtliche Menge der Substanz in verdünnter Form ab, ebenso offene Kerzenflammen. Heutzutage werden beim normalen magischen Arbeiten die Blutrituale nicht mehr benutzt, und auch die Beteiligung von Medien wird vermieden, weil eine starke Erschöpfung der Kräfte die Folge sein kann. Der Gebrauch des Weihrauchs ist frei von den Nachteilen dieser zwei Methoden, allerdings sind die Formen, die »zum sichtbaren Erscheinen beschworen« wurden, zwar für das Auge deutlich wahrnehmbar, haben aber nicht die Festigkeit jener Erscheinungen, die mit den früher benutzten Methoden erreicht wurden.

Weil die Beschwörung sichtbarer Erscheinungen zu den spektakulärsten Praktiken der magischen Kunst gehört, wird sie nicht oft angewandt, denn in den meisten Fällen ist es ausreichend, wenn das »sichtbare Erscheinen« als geistig-seelische Wahrnehmung geschieht. Es genügt, wenn der Ausführende imstande ist, objektiv die beschworenen Wesen zu erkennen – bewusstes Verständnis und direktes Wahrnehmen ihrer Anwesenheit verleiht dem Magier Macht über sie. Wir finden hier abermals eine Parallele zur Psychologie: Die abgespalteten oder unterdrückten »Komplexe« im Geist werden kontrolliert durch ihre Bewusstmachung. Außerdem, wenn Geister von »guter« Natur beschworen werden, können wir uns abermals auf einen psychologischen Schluss berufen, denn es ist eine Tatsache, dass die klare Verwirklichung einer mentalen Fähigkeit eine rasche Entwicklung gerade dieser Fähigkeit im betreffenden Individuum zur Folge hat. Und eine solche subjektive Verwirklichung bedeutet auch, dass wir durch die Tugend des Gesetzes der Anziehung in Kontakt kommen mit objektiven Wesen und Kräften ähnlicher Art, wie sie auch in unserer inneren Welt existieren. Dies verleiht jenen Behauptungen eine gewisse Berechtigung, die wir in den mittelalterlichen »Grimoires« und anderen magischen

Büchern finden wie »Die Geister des Merkur verleihen wissenschaftliches Verständnis«.

Nach Beendigung der Evokation ist es erforderlich, die gerufenen Wesenheiten zu entlassen. Wir können auch hier wieder auf eine Analogie zur Elektrizität verweisen und sagen, dass es nötig ist, unseren aufgeladenen Kreis wieder zu entladen, ihn »zu erden«, und unsere beschworenen Kräfte wieder auf ihren normalen Platz im Rahmen der natürlichen Ordnung zurückzubringen. Diese Entladung geschieht mittels der »Erlaubnis zum Gehen«. Hier ist eine typische Methode für eine Entlassung. Der Magier macht auf sich selbst das kabbalistische Kreuz und spricht zu den von ihm herbei gerufenen Wesen wie folgt:

> *»Weil ihr uns in gewünschter Weise erschienen seid und das getan habt, womit wir euch beauftragten, geht jetzt in Frieden zurück zu euren Wohnstätten. Friede sei zwischen uns; seid bereit, einem erneuten Ruf unsererseits zu gehorchen und möge der Segen Adonais auf euch kommen, soweit ihr imstande seid, ihn zu empfangen.«*

Der Magier fährt dann fort, mittels der mentalen Technik des »Schließens des Tores« seine Aufmerksamkeit und Konzentration sowohl bewusst wie unbewusst von den inneren Ebenen abzuziehen und sich bewusst wieder seiner physischen Umgebung zuzuwenden. Das ist sehr wichtig, denn es verhindert die Zerstreuung des Geistes, die im Bewusstsein aus einer unkontrollierten Evokation entstehen kann. Wenn ein Magier höhere Intelligenzen gerufen hat, ist eine Erlaubnis zum Gehen unnötig, aber das »Schließen der Tore« ist genauso wichtig. Es ist von gewissen Autoritäten festgestellt worden, dass die das Heilige Abendmahl beendenden Worte »Ite, missa est« ihrer Wirkung nach zwar nicht eine Erlaubnis zum Gehen sind, aber den am Gottesdienst teilnehmenden Engeln gegenüber die Feststellung, dass das Werk nunmehr vollbracht ist. Es ist keine zwingende Entlassung.

KAPITEL VII
MAGNETISCHE MAGIE

Als Dr. Mesmer im 18. Jahrhundert durch seine bemerkenswerten Kuren und seine Lehrsätze das erste Mal die internationale Aufmerksamkeit auf sich zog, war die westliche Welt gerade im Begriff, sich dem ernsthaften Studium der mehr verborgenen Naturkräfte zuzuwenden, wie der Elektrizität, dem Magnetismus und der Schwerkraft.

Mesmer, dessen Doktorarbeit sich bereits mit diesen Themen befasste, entwarf eine Theorie vom Universum, die damals wie heute der allgemeinen westlichen esoterischen Tradition entspricht, obwohl sie in ihrer der Öffentlichkeit bekannt gewordenen Form nur einen Schatten ihres wirklichen Inhalts erkennen lässt. Kurz, Mesmer sah das ganze Universum als eine lebendige Einheit, innerhalb der alle Teile wechselseitig aufeinander einwirken. Für ihn war das Universum ein lebender Organismus, erfüllt von nach Gleichgewicht strebenden Kräften. Gesundheit war seiner Ansicht nach die Fähigkeit der Anpassung an andere Teile des Universums und die Fähigkeit, die Ausgleichskräfte entgegen zu nehmen und sich vom Lebendigen Ganzen führen, kontrollieren und unterstützen zu lassen.

Er lehrte, dass diese von Leben erfüllte Schaffenskraft von einem Lebewesen zum anderen übertragen werden kann, und er behauptete ferner, dass diese Kräfte hinter allen und durch alle physikalischen Ebenen als Energien, welche die Wissenschaft kennt und studiert, vorhanden seien und wirken. Insbesondere behauptete Mesmer, dass diese universelle Kraft sich durch das Phänomen des Magnetismus manifestiert. Er benutzte Stabmagnete, die, wie er erklärte, als Teile der universellen Energie Heilkräfte besäßen, später allerdings lehrten er und seine Nachfolger, dass diese Universalkraft auch in freier Form aus dem menschlichen Organismus entnommen werden kann. Man nannte die Kraft deshalb »animalischen Magnetismus« und die Schule der Animal-Magnetisten, unter ihnen Männer wie de Puysegar und Baron du Potet, entwickelten ihre Theorien auf dieser Basis weiter.

Als Dr. James Braid mit seiner eigenen Theorie über den »Hypnotismus« hervor trat und als später die Nachfolger von Charcot und die Mitglieder der sogenannten »Schule von Nancy« ihre Theorien über die »Suggestion« veröffentlichten, wurde Mesmers »Fluid-Theorie« fallen gelassen und die ganze Idee des animalischen Magnetismus wurde ins Lächerliche gezogen. Doch obgleich es damals zum guten Ton gehörte, die Existenz eines magnetischen Fluids rundweg zu verneinen, gab es dennoch einige Personen, die auf der Linie Mesmers und du Potets im Stillen weiterarbeiteten. Einer der bemerkenswertesten Namen, die in dieser Verbindung genannt zu werden verdienen, ist Baron von Reichenbach, der in äußerst gründlicher Weise jene Kraft erforschte, die er »Od-Kraft« oder kurz »Od« nannte. Seine Forschungsergebnisse lassen klar die Existenz dieser Kraft erkennen, die allen anderen Naturkräften zugrunde liegt.

Die sensitiven Personen, mit denen er arbeitete, konnten in vollkommener Dunkelheit sehen, wie an einem Ende eines Drahtes eine »Flamme« erschien, wenn das andere

Ende desselben Drahtes entweder starkem Sonnenlicht oder Mondlicht ausgesetzt wurde. Die Experimente zeigten, dass, wenn das bestrahlte Drahtende verhüllt wurde, die sensitiven Beobachter feststellten, dass die odische Flamme verschwand, wobei die Sensitiven keine Ahnung hatten, wann die Versuchsbedingungen geändert wurden. Beobachtungen zeigten ferner, dass Od-Flammen an den Polen sowohl von Elektro- wie auch Permanentmagneten auftreten. Auch der menschliche Körper strahlt Od aus. Als humorvoll könnte man die Feststellung bezeichnen, dass die menschlichen Lippen ebenfalls Od ausstrahlen; und das ist wahrscheinlich mit ein Grund, warum sich Verliebte so gern küssen!

In unseren Tagen wird die Existenz dieser Od-Kräfte, nicht zuletzt durch die Forschungen Dr. Kilners und die Verwendung hochsensitiver elektrischer Messgeräte, praktisch nicht mehr bestritten. Wir können ruhig die Bezeichnung »Magnetismus« noch benutzen, vorausgesetzt allerdings, dass wir klarstellen, dass diese Art von Magnetismus nichts mit dem der Physiker und Elektriker zu tun hat, obwohl beide Arten durchaus etwas Gemeinsames haben könnten. Dieser animalische Magnetismus ist demnach eine wirkende Kraft oder Energie, die automatisch von gesunden Tieren und gesunden Menschen abgestrahlt wird, und bei der die Möglichkeit gegeben ist, dass man sie bewusst entwickeln und steigern kann, und mit dieser intensivierten und kontrollierten Kraft, die bei jedem magischen Werk eine grundlegende Rolle spielt, wollen wir uns jetzt etwas näher befassen.

Es wird dem Leser helfen, die magnetischen Phänomene zu verstehen, wenn er sich diese Kraft als eine Art »magnetisches Fluid« vorstellt. Man kann auch das Phänomen der

Radioaktivität als Analogie heranziehen. Man weiß, dass von einem winzigen Stückchen Radium unzählige kleine Teilchen in einem konstanten Strom abgestrahlt werden und dass dieser Strom als ganz bestimmte Energieform messbar ist, auch wenn er sich aus unvorstellbar winzigen Partikeln zusammensetzt.

So hat die magnetische Kraft also die Natur einer extrem feinen Substanzstrahlung, die durch den Willen und das Denken des Magnetisten geleitet und kontrolliert werden kann. Sie kann gespeichert werden, kann sich an gewissen materiellen Gegenständen anlagern oder von ihnen aufgesaugt werden, während andere Dinge wiederum als Isolator wirken. Es scheint somit, als habe der Magnetismus eine gewisse indirekte Verwandtschaft zur Elektrizität, denn die meisten elektrischen Isolatoren sind zugleich auch Isolatoren für Magnetismus, von einigen verwirrenden Ausnahmen abgesehen. Alle Metalle sind gute magnetische Leiter, Öl und Wasser nehmen Magnetismus schnell auf, während Öl ihn allerdings länger festhält als Wasser. Wolle und Papier, Holz, Ziegel und Steine absorbieren und halten ihn weniger gut, Seide dagegen leitet ihn weder noch nimmt sie ihn auf.

Es ist durch sorgfältig durchgeführte Experimente festgestellt worden, dass die magnetische Kraft dazu neigt, in dem Objekt, auf das sie gerichtet ist, ihre eigene spezielle »Vibration oder ihren Schwingungscharakter« zu reproduzieren, und dass das Objekt in ein engeres psychisches Sympathieverhältnis oder in »Rapport« mit dieser Person kommt, die den Magnetismus ausgestrahlt hat. Daher ist der animalische Magnetismus die Grundenergie bei vielen Arten der psychischen und spirituellen Heilung, trägt die heilenden Kräfte in sich selbst und dient als Träger für weitere feine Kräfte, die durch ihn auf den physischen Körper einwirken können.

Es sei daran erinnert, dass eines der Wunder Jesu darin bestand, eine an einem Blutsturz leidende Frau geheilt zu haben. Die Beschreibung im Evangelium gibt ein ziemlich klares Bild von den betreffenden Vorgängen. Der Lehrer stand inmitten einer Volksmenge, die immer näher heran drängte und die Jünger zur Seite schob, die ihrerseits versuchten, einen freien Raum um ihn herum zu schaffen, und viele aus der Menge werden versucht haben, wenigstens den Saum seiner Kleider zu berühren. Die Verhältnisse im Osten haben sich in dieser Hinsicht kaum wesentlich geändert, denn der Autor dieser Zeilen war oft Zeuge ähnlicher Szenen in Indien. Der Meister fragte: »Wer hat mich berührt?« Die Überraschung seiner Jünger über diese Frage ist verständlich. Wer hatte ihn berührt? Sie sagten: »Niemand hat dich berührt.« Doch dem Bericht des Evangeliums zufolge hatte er deutlich gespürt, dass eine »Tugend« Kraft von ihm gezogen hatte.

Wir denken oft fehl bei dem Wort »Tugend«, als eine moralische Sache. »Eine tugendhafte Frau ist besser als Rubine.« Doch die wahre Bedeutung des Wortes ist Kraft, so dass wir sagen, dieses und jenes Ding hat Kraft in sich. (Im Mittelalter, und heute auch noch im Osten, sagt man Jungfrauen und Kindern »ohne Sünde« diese Kraft aufgrund ihrer »Reinheit« nach.) Wenn man das Wort, das in der autorisierten Bibel als »Tugend« übersetzt wurde, studiert, finden wir heraus, dass es das Stammwort folgender Worte ist: »Dynamo«, »dynamisch« und »Dynamit«. Alle Worte implizieren große aktive Kraft. So war die Frage des Meisters berechtigt. Die Frau, die

Ihn berührt hatte, war infolge der bei ihr vorliegenden Gegebenheiten und durch die Stärke ihres Glaubens zu einem Leiter, besser gesagt zu einem Absorber der Heilkraft oder der dynamischen Vitalenergie geworden, die von Ihm ausging. Viele magnetische Heiler unserer Tage haben die gleiche Erfahrung gemacht, wie sie im Evangelium beschrieben ist, dass nämlich auch bei ihnen eine Kraft von ihnen geht. Father John of Cronstadt und Father Mathew, ein irischer Priester, starben beide infolge ihrer ausgiebigen Arbeit mit diesen Kräften. Es ist dabei bemerkenswert, dass Father Mathew dabei ein jährliches Einkommen in Höhe von £300 von Queen Victoria als Anerkennung seiner Leistungen erhielt.

Bei der magischen Arbeit wird von der magnetischen Kraft in verschiedenster Weise Gebrauch gemacht. Sie wird für Heilungszwecke benutzt, indem mit ihr Taschentücher oder andere Gegenstände »aufgeladen« oder imprägniert werden, und die betreffenden Dinge müssen dann von der kranken Person bei sich getragen oder benutzt werden. Manchmal wird auch Wasser oder Öl in ähnlicher Weise aufgeladen; mitunter auch Kreuze, Anhänger, Broschen und andere persönlich am Leib zu tragende Dinge, die dann aufgeladen oder »magnetisiert« werden, wie der Fachbegriff lautet. Im Neuen Testament lesen wir, dass Kleider, die Paulus getragen hatte, von kranken Menschen zum Zwecke der Heilkraftübertragung benutzt wurden, und die Praktiken der Aufladung oder »Segnung« von Objekten sind in den katholischen Kirchen weder des Westens noch des Ostens jemals aufgegeben worden.

Es ist wichtig sich daran zu erinnern, dass das magnetische Fluid in sich neutral ist und dass es alle geistigen Eindrücke aufnimmt, die ihm gesandt werden. Wie alle anderen Körperkräfte wird auch dieses vom Unterbewusstsein aus beeinflusst, und weil das Unterbewusste besonders rasch auf bildhafte, vom Wachbewusstsein ausgehende Suggestionen reagiert, sollte der Magier dafür sorgen, dass er immer über einen genügenden Vorrat von klaren und scharfen Vorstellungsbildern verfügt, die mit dem unterbewussten Geist bereits verbunden oder »konditioniert« sind. Einen solchen verfügbaren Bildervorrat findet man zum Beispiel im kabbalistischen Lebensbaum, der Glyphe der westlichen Magier; im Osten werden andere Glyphen oder zusammengesetzte Symbole verwendet.

Das Magnetisieren eines Objektes teilt sich in zwei Vorgänge, der Entmagnetisierung oder »Austreibung« und in die Magnetisierung, dem »Segnen«. Ein dritter Vorgang ist bekannt unter der Bezeichnung »Weihung«, doch dabei spielen, wie wir noch sehen werden, andere Faktoren eine Rolle. Die Entmagnetisierung wird vollzogen, indem im Geiste die Absicht zur Reinigung des betreffenden Objektes vollzogen wird, und die Magnetisierung wird durch eines oder mehrere der traditionellen Symbole der Kraft vollführt. In der Katholischen Kirche wird der Exorzismus durch das Zeichen des Kreuzes vollzogen. Der Kabbalist verwendet das Kreuz ebenfalls, doch ist es hier wichtig zu bemerken, dass er sich des gleicharmigen Kreuzes der Elemente bedient, nicht des Kreuzes in der lateinischen Form. Es wird auch eine traditionelle Form von Worten benutzt, und die allgemeinen Formeln des katholischen Priesters und die des Kabbalisten sind recht ähnlich – wahrscheinlich dank der aus dem Mittelalter herrührenden Einflüsse, als es des Öfteren geschah, dass ein Priester seinen üblichen klerikalen Pflichten noch eine gewisse Menge an »magischem Tun« hinzufügte. Vom Glauben abgefallene Priester, die der magischen Tradition folgten, übernahmen die ihnen vertrauten Formulierungen einfach in das neue Werk, und handelte es sich um einen gebildeten Magier, passte er die kirchlichen Formen seinen beabsichtigten Zwecken an. In einigen Fällen hat die Römische Kirche mit ihrer erstaunlichen Anpassungsfähigkeit vieles von den magischen Traditionen der Kulte übernommen, die sie verdrängt hat, und, wie Evelyn Underhill in ihrem wertvollen Werk »Mysticism« aufzeigt, ist die wahre hermetische Anwendung von Lichtern, Salz, Wasser und Öl im Taufritual weit entfernt von den einfachen, von Johannes dem Täufer vorgenommenen Reinigungen.

Nachdem die Demagnetisierung oder Austreibung des Objektes stattgefunden hat, haben wir es in einer neutralen Verfassung vor uns, bereit jede neue magnetische Ladung aufzunehmen, die wir ihm übertragen wollen. Und jetzt beginnt der Magnetisierungsprozess. Wieder muss der Ausführende im Geist eine ganz bestimmte »Intention« haben, und diese Absicht muss er in Worten, Gesten und Handlungen zum Ausdruck bringen, die in seinem Geist mit dem gewünschten Zustand des Objektes zusammenhängen. Dazu verwendet der Magier eine bestimmte Technik, bekannt als »Gedächtnisfeier«. Sie besteht aus einem Rezitieren einer ähnlichen Arbeit, wie sie in der Vergangenheit von jemand anderen ausgeführt wurde, und verbindet den ausführenden Magier mit den archetypischen Bildern im kollektiven Unbewusstsein und belebt auf diese Weise zugleich seine eigenen individuellen Kräfte. Ob die Ereignisse in der Vergangenheit wirklich stattgefunden haben oder nicht, beeinträchtigt die Wirksamkeit der Methode keineswegs, wenn die Handlung Teil der Volkssagen oder der Mythologie der jeweiligen Kultur entstammen.

Es ist wichtig, darauf zu achten, dass die Ideen und Bilder, die während des Magnetisierens vom Ausführenden in seinem Geist festgehalten werden, ausschließlich positiver, niemals negativer Art sein dürfen. Wenn wir also zum Beispiel einen Gegenstand aufladen oder segnen mit der Absicht, dadurch den Mut und das Selbstvertrauen des Trägers zu stärken, dann sollten wir unser Bewusstsein mit Bildern von mutigen Handlungen füllen, nicht mit ängstlichen. Wir sollten nicht sagen: »Lasse den Träger dieses Gegenstandes frei werden von aller Furcht«, sondern lieber: »Lasse den Träger dieses Gegenstandes immer erfüllt sein von guten Mutes.« Und wir sollten nur solche Worte wählen, in denen diese positive Grundhaltung betont wird. Praktisch sollten wir also so verfahren, als ob wir die Suggestion direkt an die Person geben.

Wir sprachen oben von der Weihung als von einer technischen Methode, auch andere Faktoren einzubeziehen. Bei der normalen Magnetisierung von Gegenständen werden die Kräfte und Fähigkeiten der Persönlichkeit des Magiers nutzbar gemacht, bei einer Weihung aber wird das Objekt, nachdem es entmagnetisiert wurde, mit der speziellen Absicht wieder aufgeladen, dass es ab jetzt Träger oder Kanal sein soll für eine höhere Macht, die mit den Kräften des Magiers nichts zu tun hat. Ein typisches Weihungsritual ist die Katholische Messe. Hier haben wir alle von uns erwähnten Elemente, die Reinigung von Brot und Wein, ihre feierliche Segnung und Zurschaustellung, um dann im Weihungsgebet an das erste Christliche Abendmahl zu gedenken, und schließlich die Invokation der Gegenwart Christi in und durch die geopferten Elemente.

Bei unserem Eingehen auf die talismanische Magie und die selbstverständlich noch größere »Magie der Messe« könnte der Gedanke auftauchen, dass wir uns von unserer anfänglichen Feststellung, dass Magie die Kunst der willentlichen Bewusstseinsveränderung ist, entfernt hätten. Das ist aber nicht der Fall. Sinn und Zweck eines Talismans ist es ja, nach und nach eine Veränderung im Bewusstsein des Trägers herbeizuführen, und dieselbe Absicht besteht bei der Segnung der Sakramente während der Messe. Es spielt keine Rolle, ob die Bewusstseinsveränderung von den Betreffenden beobachtet wird oder nicht. Wie wir gesagt haben, ist das menschliche Bewusstsein viel größer als sein Wachbewusstsein an der Oberfläche.

Es ist möglich, dass die Einbeziehung des Heiligen Abendmahles in das Gebiet der Magie manche beunruhigt. Aber das sollte eigentlich nicht der Fall sein, denn der Verfasser hält sich streng an die dem Christentum zugrunde liegende zentrale Lehre. Für ihn war die Inkarnation ein Akt allerhöchster Magie, wobei das Wort Fleisch wurde und unter uns weilte. Die transzendente Christuskraft flutete den Planeten, auf dem wir leben, und wie die Hefe im Teig arbeitet sie durch die Jahrhunderte hindurch an dem Ziel, eine Veränderung des Bewusstseins der ganzen Menschheit herbeizuführen!

Talismanische Magie war im Mittelalter sehr populär und auch die geweihte Hostie wurde für magische Zwecke benutzt. Im ersten reformierten Gebetsbuch von Edward VI., von 1549, ist in einer Anmerkung Folgendes zu lesen: »Und obgleich die Menschen seit vielen Jahren das Sakrament des Leibes Christi aus der Hand des Priesters in ihre eigene Hand entgegen genommen haben, geschah es doch ab und zu, dass sie die Hostie heimlich verbargen und mit nach Hause nahmen, wo sie sie aufbewahrten, um sie später für abergläubische und zauberische Zwecke zu missbrauchen. Deshalb halten wir es für angebracht, dass die Menschen das Sakrament des Leibes Christi von des Priesters Hand direkt in den Mund bekommen.«

KAPITEL VIII
DIE MAGISCHEN BILDER

Die technischen Methoden der magischen Tradition basieren, wie wir bereits gesehen haben, auf einer gründlichen Kenntnis des menschlichen Geistes und der Anwendung »magischer Bilder«, die klar gesehen werden müssen.

Zwei völlig verschiedenartige Männer haben das Konzept der magischen Bilder in die westliche Welt eingeführt: der Heilige Ignatius von Loyola und C. G. Jung. Das erste in zeitlicher Reihenfolge kam natürlich vom Heiligen Ignatius, dessen »Geistliche Übungen« zum Fundament der geistigen Übungen und Disziplinen wurden, die einen der wirkungsstärksten katholischen Orden hervor gebracht haben – die Gesellschaft Jesu. Was man auch für eine private Meinung über die Jesuiten haben mag, eines ist sicher, sie bilden eine der bedeutendsten Gemeinschaften innerhalb der Kirche.

Es wird manchmal gegen das jesuitische System und seine Übungsmethodik vorgebracht, dass es »anthropozentrisch« sei im Gegensatz zu der Methode der Sulpizianer, die »theozentrisch« ist. Das ist im Grunde nur eine Sache des Temperaments – der eine Typ wendet sich nach innen und versucht durch Erkenntnis seines Selbst das diesem zugrunde liegende All-Eine zu finden; der andere Typ versucht auf dem Wege über die direkte Erkenntnis des All-Einen sein Selbst zu verstehen. Um eine Allegorie aus der Physik zu gebrauchen: Der eine Typus ist zentrifugal, der andere zentripedal.

Und genau wie diese zwei einander entgegengesetzten Kräfte als Resultat die Balance zwischen der Sonne und ihren Planeten bewirken, so wird auch in der magischen Tradition sowohl von der Methode Ignatius' als auch von der der Sulpizianer Gebrauch gemacht. Tatsächlich wurden beide lange Zeit, bevor sie der Katholischen Kirche bekannt waren, angewandt.

In unserer Zeit hat der Psychologe Carl G. Jung gezeigt, wie wichtig für jeden die sogenannten »archaischen Bilder« des kollektiven Unbewusstseins sind. Wir erinnern uns, dass wir bereits während unserer Betrachtungen über den Geist von einer Schicht des Geistes sprachen, die allen Menschen gemeinsam ist – von einem kollektiven Unbewusstsein, aus dem heraus unsere individuellen persönlichen Bewusstseine sich erheben wie Berge aus der sie umgebenden Landschaft. Jung weist darauf hin, dass, wenn das normale Bewusstsein »rückwärts« oder nach innen auf sich selbst gewendet wird, die psychischen Energien des unermesslich großen Warenhauses der unterbewussten Ebenen freigelassen werden. In der magischen Tradition heißen diese unterbewussten Ebenen »die Schatzkammer der Bilder«, und gerade diese Bilder sind es, mit der die nach innen gerichtete Energie arbeitet.

Wenn diese Bilder aktiv werden, neigen sie dazu, den Zensor an der Bewusstseinsschwelle zu umgehen und im Bewusstsein als Träume, Visionen und Intuitionen aufzutauchen; mehr noch, sie »projizieren« besondere Meinungen über jene Dinge und Bilder, zu denen sie Beziehungen haben. Es ist somit offensichtlich, dass die unfreiwillige und krankhafte Regression in Form von Neurosen eine sehr nachteilige Wirkung auf die mentale Einheit des Menschen hat, die

die Grundlage seiner normalen Gesundheit ist, obgleich die neurotische Regression ein Versuch der tiefer liegenden Ebenen des Geistes ist, die gestörten Verhältnisse wieder auszugleichen. Doch die Regression im Sinne der magischen Technik ist eine bewusst gewollte, durch welche die normale mentale Polarität in wohlüberlegter Weise umgekehrt und der Strom der psychischen Energie gemäß einem bestimmten festgelegten Plan umgeleitet wird. Wir können hier durchaus von einem Beschwörungssystem sprechen. Aber nicht nur die psychische Energie wird in die unterbewussten Ebenen hinein gelenkt, es tauchen aus diesen Tiefenschichten auch die kraftvollen Bilder des kollektiven Unbewussten auf oder, besser ausgedrückt, die »Kraftlinien« dieser bildhaften Vorstellungen.

Vielleicht macht eine Illustration dies deutlicher. Wenn wir die Lösung eines Salzes kristallisieren lassen, machen wir die Beobachtung, dass die betreffende Substanz Kristalle einer ganz bestimmten Form bildet, und es ist somit erwiesen, dass in der Lösung selbst bereits eine vorprogrammierte Kraftlinie vorhanden sein muss, nach der sich die Kristalle bilden müssen. Wir können deshalb sagen, dass sechs- oder achtflächige Kristalle in der Lösung nicht vorhanden sind, diese dennoch eine Art Prägeform enthält, die sich später beim Kristallisierungsprozess in Gestalt ganz bestimmter Kristallformen manifestiert. In etwa der gleichen Weise sind auch in den tieferen Schichten des kollektiven Unbewussten die archetypischen Bilder enthalten, als eine Art Prägeform, nicht als objektive Einzelbilder.

Doch wenn die »toten« Bilder aus längst versunkener Vergangenheit wieder auferweckt werden, welchen Körper benutzen sie dann? Die Antwort lautet, dass das, was in den bewussten Geist »gestreut« wurde, keinesfalls das Bild ist, das auch wieder aufsteigen wird, sondern es handelt sich nur um die Herstellung einer Verbindung, welche die archaischen Kraftlinien benutzen, um sich in neue »Körper« einzukleiden und sich darin zu zeigen. Aber dieser neue Körper ist geladen mit der Kraft jenes Bereiches, wo er seinen Ursprung hat, und die psychische Energie, die ihn beschworen hat, wird durch diese ursprüngliche Kraft, die aus raumlosen und zeitlosen Seinszuständen hervorgekommen ist, noch verstärkt. So bekleidet sich die Sterblichkeit mit Unsterblichkeit, und das Bild, das im Bewusstsein aufsteigt, bringt eine neue Kraft mit sich, die dem persönlichen Selbst als Stütze dienen kann. Diese Wiederauferstehung des tieferen Selbst bringt eine Wiedererneuerung und Neugestaltung des persönlichen Selbst mit sich. Es ist der »Coagula« – Teil der alchemistischen Formel, und diese Kraft ist nach christlicher Terminologie die Kraft des Heiligen Geistes.

In der psychologischen Sicht Jungs und seiner Anhänger gibt es verschiedene Methoden, durch die eine solche Erneuerung herbeigeführt werden kann. Die magische Tradition hat ebenfalls ein detailliertes Übungssystem entwickelt, durch das die Heraufbeschwörung der Bilder aus den Tiefenschichten erfolgen kann. »Die Tiefe ruft in die Tiefe«, und das ist der Schlüssel zur magischen Methode. Es ist eine Methode der »Induktion«.

Bei diesen magischen Zeremonien, die das Heraufholen von Urkräften zum Ziel haben, werden sorgsam ausgewählte Bilder verwendet. Diese sind aus der Menge von Symbolen herausgenommen, die in den kabbalistischen Büchern zu finden sind, und werden vom Magier benutzt, um die mentale Atmosphäre aufzubauen, welche die gewünschten archaischen Bilder und Kräfte aus den tieferen Ebenen des Geistes beschwören kann. Nun neigen die archaischen Bilder des kollektiven Unbewussten dazu, sich um bestimmte Zentren zu gruppieren. Jung lehrte, dass die Motive der Archetypen (die archaischen Bilder) in allen Kulturen dieselben sind. Wir finden sie wiederholt in allen Mythologien und Märchen, in allen religiösen Traditionen und Mysterien. Der das Feuer stehlende Prometheus, der den Drachen besiegende Herkules, die zahlreichen Schöpfungsgeschichten, die Vertreibung aus dem Paradies, die Opfermysterien, die Jungfrauengeburt, der Verrat des Helden, die Zerstückelung des Osiris und viele andere Mythen und Legenden schildern seelische Prozesse in bildhaft-symbolischen Formen.

Die Schlange, der Fisch, die Sphinx, die hilfreichen Tiere, der Weltenbaum, die Große Mutter, der verzauberte Prinz, der Magier, das ewige Kind stehen ebenso stellvertretend für ganz bestimmte Figuren und Inhalte des kollektiven Unbewussten. Mythen und Märchen sind sozusagen die Tagträume der Kulturen, und jede ethnische Gruppe hat ihre eigenen besonderen Formen des gemeinsamen Mythos. Im Bewusstsein Vielfalt ist der Magier bestrebt, nur solche Bilder und Vorstellungen zu benutzen, die in einem Bezug zum kollektiven Geist desjenigen Kulturkreises steht, zu der er selbst gehört. Wie wir schon sagten, ist die westliche Tradition eine zusammengesetzte, und der westliche Magier hat die Wahl, sich des einen oder anderen Untersystems zu bedienen, die sie beinhaltet.

In England zum Beispiel arbeitet er mit Kontakten zum Keltentum und mit bildhaften Vorstellungen der Gralslegende, wenn der Wunsch besteht, die Kraft des Rosenkreuzerordens zu benutzen. Es gibt sehr viele Bilder, die verwendet werden können, ohne die uns von unserer kulturellen Zugehörigkeit gezogenen Grenzen zu überschreiten, und dadurch ist es für uns von größtem Vorteil, die östlichen Philosophiesysteme zu kennen und sich ihrer auch zu bedienen, doch wenn es sich um die praktische magische Arbeit handelt, empfiehlt es sich, eine der westlichen Verfahrensweisen zu bevorzugen. Das ist keineswegs eine Missbilligung der östlichen Methoden, die durchaus einwandfrei und erfolgreich sind – für die Menschen des Ostens und natürlich für jene Wenigen unter uns, die zwar in der westlichen Welt geboren sind, spirituell aber dem Osten zugehören.

Im Zusammenhang mit der Glyphe, die von den Kabbalisten gebraucht wird, gibt es zehn magische Bilder, welche die Arbeit der universellen Energie in allen ihren Aspekten repräsentieren, und diese werden vom Magier benutzt, um sich »einzustimmen« auf die Energie, die in dieser besonderen Ebene benötigt wird. Diese Energie ist aber keineswegs eine blinde, rein mechanisch funktionierende Kraft, sondern ein lebendiges, pulsierendes Energie-Bewusstsein, so dass, wenn eine bestimmte Gedankenform oder eine magische Vorstellung im bewussten Geist geschaffen und mit den entsprechenden archetypischen Mächten im Tiefenbewusstsein verbunden worden ist, das auf diese Weise beschworene Bild, welches aus diesen Tiefen empor kommt und das Wachbewusstsein überflutet und es mit Kraft erfüllt, ein »lebendiges Etwas« ist.

Wenn nun sehr viele Menschen lange Zeitperioden hindurch ein bestimmtes mentales Bild aufgebaut haben, scheinen die individuellen Bilder damit zu verschmelzen, und wir haben dann ein Bild, das mit dem Göttlichen Leben in einem seiner besonderen Aspekte aufgeladen ist. Das ist dann das, was die Alten einen »Gott« nannten. Es ist wichtig zu verstehen, dass die Vergegenständlichung eines solchen »Gottes« durch den Geist des Gläubigen zustande kommt, und was sich tatsächlich ereignet, ist, dass die Form oder das Bild, die mit bewusster Konzentration mental vorgestellt werden, als Kontaktlinie zu der kollektiv aufgebauten Form dienen und diese wiederum das Bindeglied zu den jeweils symbolisierten kosmischen Energien ist. Das Resultat ist, dass die kosmische Energie, die in den Geist des Gläubigen einfließt, wiederum anregend auf die ihr gemäßen Archetypen einwirkt, die im Bewusstsein erscheinen, und als Transmitter dieser Energien dienen, die sie zu allen Ebenen der Persönlichkeit des Gläubigen bringt.

Was allein der Glaube und die Hingabe zu vollbringen vermögen, erreicht der Magier, indem er die Kenntnis der Verbindungsmechanismen hinzufügt, durch die die Energien hindurch gebracht werden und welche die Seele des Magiers stärken und erfrischen können, und um jene willentliche Veränderung des Bewusstseins herbeizuführen, die unsere Definition der Magie ist.

Es ist wichtig zu beachten, dass es zwei Wege des Arbeitens mit magischen Vorstellungsbildern gibt. Eine dieser Methoden ist nicht zu empfehlen, da sie dazu neigt, die Kraft, die sie erhalten hat, zu verringern. Diese gewaltigen kollektiven Gedankenformen sind »geladen« mit den emotionalen Energien ihrer Erzeuger, und diese gelagerte Energie ist erreichbar für jedes einzelne Mitglied der Gruppe. Wir können die magischen Vorstellungsbilder in etwa mit den aufgeladenen Batterien vergleichen, welche die Lichtanlage eines Privathauses mit Strom versorgen. Wenn den Batterien ständig Strom entnommen wird, kommt schließlich der Moment, da sie überhaupt keine Kraft mehr haben. Sie sind dann, wie man sagt, entladen. Genauso ist es mit den magischen Vorstellungsbildern. Wenn sie falsch angewandt werden, besteht die Möglichkeit, dass sie ihre Energie verlieren. Aber kein erfahrener Elektriker wird zulassen, dass sich seine Batterien völlig entladen, und er wird vielmehr den Dynamo anlassen und für Energienachschub sorgen mit dem Ziel, eine unerschöpfliche Stromquelle für alle Zwecke zu haben. Genauso wenig würde ein erfahrener Magier die Bilder als Kraftquellen an sich benutzen. Er verwendet sie zwar vorübergehend als Energiequelle, hat aber immer das Bestreben, sich durch diese Imaginationen mit der unendlichen und unerschöpflichen Kraft hinter allen Manifestationen zu verbinden. Dies lässt den Unterschied erkennen zwischen der Arbeitsweise eines Amateurs und eines erfahrenen Magiers und hier haben wir einen der Gründe, weshalb die in den okkulten Logen benutzten ausführlichen Beschreibungen geheim gehalten werden.

Einige der magischen Vorstellungsbilder sind sehr alt und stark geladen mit psychischer Energie. Sie sind viele Generationen hindurch von Eingeweihten aufgebaut und benutzt worden. Außerhalb der okkulten Logen sind es die großen bildhaften Vorstellungen, die ebenfalls seit Generationen durch Gläubige der Hauptreligionen geschaffen wurden und starke Kraft besitzen, und infolge der beschwörenden Kraft über die archetypischen Bilder im unterbewussten Geist der

Menschen sind gerade sie für alle organisierten Religionssysteme von allergrößtem Wert, und jene Sekten, die versuchen, sich ganz und gar von allen Zeremonien und allem Bildhaften freizumachen, geben eine wertvolle Waffe aus dem spirituellen Arsenal auf.

Dies veranlasst uns zu einer kurzen Betrachtung jener Praktik der Katholischen Kirche, die »Anrufung der Heiligen« genannt wird. Es sei darauf hingewiesen, dass in der Römisch-Katholischen Kirche drei Grade von »Verehrung« anerkannt sind. Zuerst haben wir »Dulia«, die den Heiligen entgegengebrachte Verehrung aufgrund ihrer spirituellen Größe; dann »Hyperdulia«, die der Jungfrau Maria gezollte Verehrung, und schließlich »Latria«, die Anbetung einzig und allein der Allmacht Gottes. Die zu sehr vereinfachte Ansicht der Protestanten, dass die Katholiken den Heiligen und der Jungfrau Maria Verehrung und Anbetung entgegenbringen, die Gott allein zusteht, ist also nicht ganz korrekt. Wenn wir die offiziellen Kirchendokumente befragen, finden wir, dass in Bezug auf unser Studium der magischen Bilder ein Punkt für uns von besonderem Interesse ist. Das Konzil von Trient, das viele der mittelalterlichen Verirrungen aus der römischen Kirche entfernte, definiert die Anrufung der Heiligen wie folgt:

> *»Die Verehrung der Heiligen bedeutet die Verehrung Gottes, denn deren Seligkeit und Heiligkeit sind von Gott. Und mit den Heiligen zu beten bedeutet, Gott anzubeten, zusammen mit den Hierarchien der Engel, mit den Geistern der vollkommen gewordenen Menschen und mit der Kirche, unsichtbar mit jenen, die zuerst in die himmlischen Welten geboren wurden.«*
>
> *(Concilium Tidentinum, Sessio XXV, De Invocatione Sanctorum)*

Der Punkt, der in dieser Passage des Konzils unser besonderes Interesse findet, ist die Feststellung, dass die Anbetung der Heiligen gleichbedeutend ist mit der Anbetung Gottes, das heißt, es ist die Gotteskraft, die durch die Heiligen hindurch scheint und die, so könnte man sagen, durch die Persönlichkeit des Heiligen kanalisiert oder konzentriert wird. Und genau das ist auch die Lehre von den magischen Bildern. Nur dass der hier benutzte Kanal eine wirkliche Person ist, ein menschliches Wesen, das mit uns zusammen denselben Gott anbetet. So fungiert also der Heilige der Katholischen Kirche, der immer noch als existierendes Wesen betrachtet wird, als eine Art psychische Linse, jene Strahlungen aus dem Ewigen Licht zusammenfassend und konzentrierend, für die er oder sie ein ganz spezieller Kanal ist. Alle mit diesem angeborenen Talent können durch diesen besonderen Strahl aus der Heiligen Kraft schöpfen.

Dies gilt nicht nur für die Heiligen der Katholischen Kirche, sondern auch für die Helden der Völkergeschichte. In der englischen Tradition finden sich heidnische und christliche Helden in der Grals- und König-Artus-Legende nebeneinander. Es war eine Zeit lang üblich, alle diese Heldenfiguren als mythische Personifizierungen zu betrachten und ihre reale Existenz als Männer oder Frauen zu bestreiten. Später wurde dann allerdings zugegeben, dass sie doch existiert haben und dass nur das Denken des Volkes diese Gestalten in mythische Gewänder kleidete.

Der eingeweihte Magier hält beide Gesichtspunkte für teilweise richtig – richtig in Bezug auf das, was sie behaupten, unrichtig in Bezug auf das, was sie verneinen – und er glaubt, dass die volle Wahrheit in einer Kombination beider

Betrachtungsweisen zu finden ist. Wenn die magischen Bilder in Logen benutzt werden, die sich mit zeremonieller Magie befassen, werden unpersönliche kosmische Bilder angewandt. Bei jener Technik jedoch, die als »Gedächtnisfeier« bekannt ist, werden die archetypischen Bilder mit jenen Persönlichkeiten verknüpft, die in ihrem vergangenen Erdenleben in beispielhafter Weise jene besonderen Kräfte symbolisiert und kanalisiert haben.

Um zu erreichen, dass diese Kraft noch rascher in die gegebenen Bedingungen der physischen Ebene einfließt, vollführt jedes Mitglied der magischen Gruppe jene Handlung, die als »Annehmen der Gott-Form« bekannt ist. Er oder sie »spielen einen Teil« der Persönlichkeit oder des im Gedächtnis beschworenen Wesens, und formen damit einen Kräftekanal, der dem besonderen Amt des Betreffenden innerhalb der Loge gemäß ist, und gleichzeitig wird damit versucht, durch diese Persönlichkeit mit der kosmischen Energie in Kontakt zu kommen. Nun ist diese Methode des »Annehmens der Gott-Form« eine bestimmte technische Methode der Autohypnose. Wenn durch diese Art von Ausführung auch nur eine geringe Veränderung des Bewusstseins erreicht wird, so ist es doch, als ob dadurch ein selbsttätiger Mechanismus in Funktion tritt. Die Persönlichkeit des Magiers wird überschattet und durchflutet von den Kräften seines tieferen Selbst, und dieses wurde seinerseits erleuchtet und aufgeladen durch jene Wesenheit, an die gemeinsam gedacht wurde, und durch den Kanal der verbundenen Persönlichkeiten stürzen sich die kosmischen Energien herunter in die psychischen und magnetischen Gegebenheiten des Magiers. Der Effekt dieses Herabströmens von Energien ist der, dass die vergrabenen archetypischen Bilder zeitweilig in ein erhobenes Bewusstsein eingehen, und diese Vorstellungen erlauben es der angerufenen Kraft, bestimmte und weit reichende Veränderungen im Charakter des Eingeweihten zu bewirken.

Um die zehn magischen Bilder des Lebensbaumes herum sind sowohl die Götter und Göttinnen des heidnischen Pantheons gruppiert wie auch die Heiligen und Helden aus Mythen und Legenden, und die Auswahl eines bestimmten Bildes hängt von dem gewünschten Effekt ab. Nebenbei sei erwähnt, dass jede dieser Gruppen von Bildern eine bestimmte engere Beziehung zu dem einen oder anderen großen psycho-physiologischen Zentrum im menschlichen Körper hat und auch mit dem besonderen »mentalen Kontrollzentrum«, das die einzelnen Teilzentren beherrscht. Die Schwingung der betreffenden Schlüsselnote jedes Zentrums bestimmt die traditionellen Worte der Kraft, die wiederum mit den ihr verwandten Bildern zusammenhängen. Das gesamte Gebiet der »Worte der Kraft« ist von großer Komplexität und kann hier nur ganz kurz gestreift werden.

Eine Variation der »Annahme der Gott-Form« ist jene kuriose »Illusionstechnik«, die in den magischen Büchern beschrieben ist als »sich unsichtbar machen« oder »Transformation«. Solcher »Glamourzauber« wurde bereits versuchsweise belegt. Ein typisches Beispiel hierfür findet man in Colonel H. S. Olcotts »Old diary leaves, Inside the occult, the true story of Madame H. P. Blavatsky«. Die Hauptpersonen waren dabei Madame H. P. Blavatsky und ein bestimmter Kabbalist.

Wenn dieses Studium der magischen Bilder ein wenig unzusammenhängend erscheint, so sei daran erinnert, wenn sich auch über allgemeine Prinzipien durchaus diskutieren lässt, es doch sehr schwierig ist, präzise Aussagen zu machen, ohne dabei zu viel preiszugeben.

KAPITEL IX
EINWEIHUNGSMAGIE

In den auf uralte Zeiten zurückgehenden religiösen Riten aller Völker finden wir bestimmte Aufnahmezeremonien, die der Zugehörigkeit zum betreffenden Stamm oder zum religiösen Leben der Nation vorangehen, und diese Einweihungen haben alle bestimmte gemeinsame Elemente, ob es sich nun um die Aufnahme eines Knaben in den Stamm der australischen Ureinwohnern handelt oder um die Annahme eines Bewerbers in die Katholische Kirche. Sir James Frazer hat in seinem Buch »Der Goldene Zweig« eine Menge Beispiele für diese Einweihungsriten aus allen Teilen der Welt gesammelt, und ihnen allen, auch den heutigen Formen der Aufnahmeriten der Freimaurer und die Taufzeremonien der Kirchen, liegen gemeinsame Ähnlichkeiten zugrunde.

Das Wort »Initiation« ist abgeleitet von dem Grundbegriff »der erste Schritt« oder »der Beginn«, und das bezeichnet in der Tat genau das, was die Initiation oder Einweihung ist. Es ist der erste Schritt in ein neues Leben, handelt es sich nun um das Stammesleben des Clans, um das religiöse Leben eines Mönches, um die neue ethische und wohlwollende Grundhaltung eines modernen Freimaurers oder die generellen wohlwollenden und brüderlichen Aktivitäten des »Königlichen und Vorsintflutlichen Ordens der Büffel« (RAOB: Royal and Antediluvian Order of Buffaloes). All diese haben ihre eigenen Einweihungsrituale, mittels deren der Neophyt eingeführt und gleichsam mit seinem neuen Leben verbunden wird. Wir können den genannten Beispielen noch zwei weitere hinzufügen: die Einweihungszeremonie zur Ritterschaft und die Inthronisierungsriten des britischen Königshauses.

Es ist offensichtlich, dass nicht alle Arten von Einweihungsriten dieselbe Kraft haben, dass einige davon den Bewerber auf verschiedenen Ebenen anrühren, aber – und dies ist ein beachtenswerter Punkt – sogar die harmloseste und naivste Aufnahmezeremonie ist in der Lage, weit reichende, ja radikale Bewusstseinsveränderungen beim Neophyten zu bewirken, wenn der betreffende Ritus auf wahren Grundlagen aufgebaut ist und von Leuten vorgenommen wird, die über das nötige Wissen verfügen.

Es ist eine bemerkenswerte Tatsache, dass praktisch alle organisierten Gesellschaften früher oder später irgendeine Form von Einweihungs-Zeremonie entwickeln, und selbst wenn man diesen Drang ansieht als eine Folge des Wunsches, eine klare Abgrenzung zwischen dem alten und dem neuen Leben zu machen, bleibt immer noch die Frage offen, warum die Grundlage all dieser Initiationen offensichtlich dieselbe ist. Verbunden mit diesen Riten finden wir zum Beispiel das »Handauflegen« und ähnliche Handlungen, und die anthropologische Forschung hat festgestellt, dass dort, wo heute der Einweihungsritus ohne das Auflegen der Hände vollzogen wird, es in früheren Zeiten jedoch der Fall war.

Man sieht also, dass es zwei wichtige Bestandteile bei jedem echten Einweihungsritual gibt. Zuerst die Abtrennung vom bisherigen alten Leben, dramatisiert dargestellt durch bestimmte Symbolformen, und zweitens die Kraftübertragung auf den Neophyten. Der erste Teil hat als Grundlage die Idee eines Beendens des blinden Umherwanderns in den chaotischen und finsteren Bereichen der Unwissenheit und den Eintritt in das Reich des Lichtes und der Ordnung – das »Hervorkommen bei Tage« des »Ägyptischen Totenbuchs«, das »Eintreten in das klare Licht« des tibetischen »Bardo Thödol«, die königliche Umwandlung der Alchemisten und die »Neugeburt« der christlichen Mystiker. Doch jede Tradition tut dies auf ihre Art. Denn offenbar haben die freimaurerische Einweihung selten eine derartige thaumaturgische Wirkung. Und viele formale Einweihungsriten des Ostens und Westens besitzen diesen Effekt auch nicht.

Und doch wird immer eine gewisse Wirkung hervor gebracht, eine gewisse Kraft übertragen, aber das geschieht »unter dem Schleier irdischer Dinge«. Denn diese rein formalen Einweihungen, so plausibel und wertvoll sie auch sein mögen, sind nur die irdischen Schatten der wahren Einweihung, die in der raum- und zeitlosen Ewigkeit vor sich geht. Im Sinne der Kabbala sind es »Spiegelungen in Malkuth hinein«, das heißt, übersinnliche Wirklichkeiten kommen unter irdischen Bedingungen zum Ausdruck. Wir werden also durch zeremonielle Einweihungen in einer Loge keineswegs zum Adepten (wenn uns auch als Ergebnis der Zeremonie gewisse Kräfte zuströmen, wie wir noch sehen werden), aber wir können dennoch sagen, dass wir initiiert wurden, wenn wir freiwillig unser gewöhnliches Bewusstsein verändert und begonnen haben, alle Dinge von einem anderen Gesichtspunkt aus zu betrachten. Das Wort, das in den autorisierten Übersetzungen der Bibel übersetzt ist als »Bekehrung«, kann gut beschrieben werden als »die Umkehr des

Geistes und die Betrachtung der Dinge von einem anderen Standpunkt aus«. Und natürlich ist Initiation – und Bekehrung – in Wahrheit genau das.

Hier kommen wir zu einem Punkt, über den die Ansichten der Katholiken und der Nonkonformisten auseinandergehen. Die Kirche lehrt, dass die Kindstaufe wirksam und ausreichend sei, während es den Nonkonformisten um eine bewusste Änderung des Herzens geht, durch welche die betreffende Person, ob in der Jugend oder als Erwachsener, in die richtige Gemeinschaft kommt. Vom okkulten Standpunkt aus haben beide Seiten wiederum Recht in Bezug auf das, was sie behaupten, liegen aber falsch hinsichtlich dessen, was sie ablehnen.

Erneuerung und Bekehrung durch die Taufe sind wohlbegründet und wirksam und sollten einander ergänzen. Die magische Tradition gibt dafür eine klare Erläuterung, und diese wird bestätigt durch die Erkenntnisse der Psychoanalytiker. Um die magische Tradition richtig zu verstehen, ist es nötig, das ein wenig zu studieren, was in der Psychologie »Gruppenbewusstsein« genannt wird.

Wenn eine Gruppe von Menschen sich zusammenschließt, um eine bestimmte Idee zu verwirklichen, dann verbinden sie ihren Geist miteinander und bilden – für den gemeinsamen Zweck, den sie im Sinn haben – einen Zusammenschluss oder Gruppengeist. Je gefühlsbetonter ihr gemeinsames Denkziel ist, um so stärker und klarer baut sich ein Gruppengeist auf. Die Lebensdauer eines solchen Gruppengeistes hängt von vielen Faktoren ab; ein Gruppengeist, zum Beispiel, geschaffen von der leidenschaftlichen, suggestiven Beredsamkeit eines Demagogen, kann eine Lebensdauer von nur wenigen

Minuten oder Stunden haben. Andere, geformt durch das vereinte Denken vieler Menschen Jahre hindurch, können viele Jahrhunderte am Leben bleiben. Selbst wenn der Eindruck entstehen sollte, dass ein solcher Gruppengeist zu existieren aufgehört hat, wird er wiederkehren, wenn sich die erforderlichen Bedingungen dafür gebildet haben, denn weit abseits von den originalen mentalen Impulsen errichten die vereinigten mentalen Denkimpulse der Gruppe eine »Form« in den inneren Welten, wie wir im Kapitel über die magischen Bilder bereits besprochen haben. Jedes Zeitalter sät in den inneren Welten Samen aus, und auch wenn dieser Same nicht sofort oder in absehbarer Zeit zu wahrnehmbaren Gebilden aufwächst, wird er in künftigen Zeiten zum Keimen und Früchtetragen kommen. Und, abseits der gewohnten esoterischen Lehre von der Reinkarnation, diejenigen, die anfänglich eine bestimmte mentale Gruppenform ins Leben gerufen haben, werden durch die Reinkarnation in jener Periode wiedergeboren werden, in der sich die Resultate ihres früheren Gruppendenkens auf der physischen Ebene vergegenständlicht haben, und diese Menschen haben unter den Arbeitsbedingungen zu wirken, und möglicherweise darunter zu leiden, die sie selbst in der Vergangenheit geschaffen haben.

Es sind vier Arten von Gefühlen, die solch einem Gruppengeist Energien verleihen können. Machtstreben, Sexualität, Herdentrieb und religiöse Emotionen. Die meisten dieser vier sind in unterschiedlichen Graden bei allen Gruppengeistbildungen vorhanden; ein Gefühl aber ist vorherrschend. Nun haben die großen Religionen der Welt mit ihren mehr oder weniger stereotypen Ritualen, ihren zur Gewohnheit gewordenen Gefühlshaltungen und ihrem langen Leben ganz bestimmte Gruppengeister aufgebaut, genau wie auch die Herrschaftssysteme, die viele Jahrhunderte hindurch bestanden haben, wie zum Beispiel die Britische Monarchie. Die Ritterorden, die Initiationsbruderschaften der Freimaurer, der Rosenkreuzer und vieler anderer, sie alle haben ganz bestimmte und sehr machtvolle Gruppengeister in den inneren Welten geschaffen.

Die stärkste religiöse Gruppe in der westlichen Welt ist die Christliche Kirche, und hier haben wir einen besonders engmaschigen und lebenswichtig geladenen Gruppengeist, dessen Existenzbeginn zweitausend Jahre zurückliegt. Aber beim Christentum haben wir es mit mehr zu tun als mit der Totalsumme der gedanklichen und gefühlsmäßigen Aktivität, den Bestrebungen der einzelnen Kirchenmitglieder. Wir können uns das verdeutlichen, wenn wir unseren physischen Körper betrachten. Er enthält Myriaden von Zellen, die unablässig wachsen, sich erneuern und auch wieder absterben, aber die übergeordnete Einheit, die wir unseren Körper nennen, bleibt dennoch erhalten. Jede Zelle hat jedoch ein eigenes psychisches Leben, und dieses kombinierte Zellenleben bildet »Nefesch« oder die animalische Seele der Kabbalisten. Darüber hinaus formt das zusammengehörige psychische Leben der vielen Zellen einen Behälter oder Träger, dessen sich das Ego oder das Selbst bedient, um mit der materiellen Ebene in Kontakt zu kommen.

Das gemeinsame Gruppendenken, Emotionen und Idealismus aller Angehörigen der Christlichen Kirchen formt so einen Träger oder Körper, durch den und mittels dessen das Haupt der Christlichen Religion in engeren Kontakt mit der physischen Welt kommt. Theologisch ausgedrückt ist die

Kirche die Ausweitung der Inkarnation. Und gerade so wie die Gesundheit jeder einzelnen Zelle im Körper von der geordneten Zusammenarbeit mit allen anderen Zellen abhängt und genau wie bestimmte Zellengruppen innerhalb des Ganzen spezialisierte Aufgaben haben, zum Beispiel Organe, die Nerven und Sinneswerkzeuge, so ist es auch im Körper der Kirche, in dem wir eine ähnliche Spezialisierung und Funktionsteilung finden. Der Zugang zu diesem vereinigten Zellen-Leben des Körpers ist durch die Identifizierung des psychischen Lebens der individuellen Substanz mit dem System des gemeinschaftlichen Lebens möglich, und dieser Vorgang ist, nebenbei gesagt, der Schlüssel zum Verständnis der verschiedenen Ernährungsprobleme.

In genau der gleichen Weise wird das einzelne Individuum zu einem Teil der Gruppe durch den vergleichbaren Vorgang der Identifizierung seines psychischen Selbst mit dem gemeinsamen Leben der Gruppe, und dieser mentale und seelische Prozess wird fast ausnahmslos erreicht durch einige der Einweihungsriten, zum Beispiel der Taufe. Die einzigen Ausnahmen bilden vermutlich die »Society of Friends« oder Quäker, wie sie besser bekannt sind, und die Heilsarmee.

Durch die Taufzeremonie wird das betreffende getaufte Individuum mental mit dem Gruppengeist der ganzen Kirche verbunden und diese Kontaktherstellung erfolgt durch die Vermittlung eines Menschen, der seinerseits ein Mitglied dieser Gruppe ist und von dieser zur Ausübung der Taufhandlung ermächtigt ist. Selbst in besonderen Notfällen, wo die Taufe durch einen Laien oder gar durch einen Nichtchristen vollzogen wird, ist die gedankliche »Intention«, den Neuling mit dem Gruppengeist zu verbinden, ausreichend. Dabei ist allerdings zu bedenken, dass beim Ritus der Kindstaufe der Täufling sich nicht bewusst mit der Kirche identifizieren kann. Bewusst natürlich nicht, aber der Mensch ist, wie wir gesehen haben, größer als sein bewusster Geist, und das Kind verbindet sich unbewusst durch den amtierenden Priester mit dem Leben des Ganzen. Die Taufpaten stellen ein weiteres Bindeglied zwischen dem Kind und der Kirche dar – wenn man auch daran zweifeln kann, ob die Paten sich darüber selbst im Klaren sind!

Was ist nun das Ergebnis dieser Art von Initiationsmagie? Das Kind ist eingefügt in den Lebenskreislauf des Göttlichen Hauptes der Kirche und die Bedingungen sind hergestellt, von denen aus es die Reise aus dem Chaos der Vergangenheit, das tief im Unterbewusstsein vorhanden ist, antreten kann, also die Möglichkeit hat, das zu werden, was es eigentlich immer in Wirklichkeit schon gewesen ist: ein Kind Gottes. Im anglikanischen Katechismus heißt es, dass die Taufe »ein Tod der Sünde und eine Neugeburt der Gerechtigkeit« ist, und das ist die Formel, die jeder wahren Einweihung zu Grunde liegt. Als Symbol der Reinigung wird Wasser verwendet, das mit dieser Absicht geweiht worden ist, wobei das christliche Zeichen der Kraft, das Kreuz, benutzt wird. In den alten Mysterienreligionen gingen dieser Reinigung noch andere Maßnahmen mit dem gleichen Ziel voraus und das Taufwasser der Christen ist das Gegenstück der Reinigungszeremonien in den Mysterien.

Wenn auch das Kind auf diese Weise mit der christlichen Gemeinschaft verbunden worden ist und begonnen hat, am spirituellen Leben derselben teilzunehmen, so ist doch seine Aufnahme durch die Taufe nur der irdische Schatten der eigentlichen christlichen Einweihung durch die Neugeburt. Diese wahre Initiation findet statt, wenn das persönliche Selbst für einen Moment erfasst und vereint wird von seinem höheren Selbst, von dem es nur der irdische Ausdruck jenes größeren Selbst, des Logos, ist, in dem wir leben, uns bewegen und unser Sein haben. So hat der große Mystiker, Angelus Silesius, geschrieben:

»Und wäre Christus tausendmal zu Bethlehem
geboren,
Und nicht in dir, du bleibst doch ewiglich verloren.
Das Kreuz zu Golgota kann dich nicht von dem
Bösen,
Wo es nicht auch in dir wird aufgerichtet, erlösen.« *

Die Erfahrung der »Bekehrung« ist eine ungeregelte Form der christlichen Einweihung und ist deshalb vom Standpunkt des Nonkonformisten aus von Bedeutung.

Um zur Hauptfrage zu den Einweihungsriten zurückzukehren, alle echten Zeremonien verbinden den Neophyten mit dem Leben des Gruppengeistes und pflanzen gleichsam in ihm den Samen der Kraft, von dem gehofft wird, dass zukünftige Zeiten ihn zur Verwirklichung seiner wahren Natur bringen.

Einer meiner Freunde, der hellseherische Fähigkeiten hat, berichtete über einen Einweihungsritus, an dem er teilnahm, Folgendes:

»Wenn die niederen Offiziersgrade der Loge ihren zeremoniellen Kontakt mit dem Kandidaten herstellen, beginnt des-

---

* »Cherubinischer Wandersmann«, Erstes Buch, 60, 61 (Anm. des Hrsg.).

sen Aura zu leuchten, jeder Teil der Aura wurde, entsprechend der jeweiligen rituellen Handlung, herrlich glänzend. Bei der Betrachtung des neuen Logenmitgliedes zu einem späteren Zeitpunkt zeigte es sich, dass diese Wirkung verhältnismäßig dauerhaft war – wenigstens in diesem Fall.«

»Als der Magier der Loge seinerseits in Kontakt mit dem Aufzunehmenden trat, war es, als ob ein kleiner Teil von des Magiers feinstofflichen Körpers sich aus der Gegend seines Herzzentrums löste und eine Art winziges, weißgolden strahlendes Samenkörnchen gleichsam in die Aura des Kandidaten hinüber ging und dort nahe dem Solarplexus zur Ruhe kam. Eine spätere Beobachtung ließ erkennen, dass diese Wirkung eine dauerhafte war.«

Ein ähnliches, wenn auch beträchtlich intensiveres Phänomen wurde von anderen Hellsichtigen bei der feierlichen Handlung in dem Bereich der Kirche beobachtet, bei der der Priester die »Apostolischen Nachfolge« erhielt. Nach all dem könnte man fast sagen, dass dem so oft verachteten Magier nun die Aufgabe zufällt, die von der Kirche aufgestellten Behauptungen in Bezug auf das Priestertum zu bestätigen!

In diesem Kapitel ist der Christliche Taufritus als illustrierendes Beispiel benutzt worden, aber die dabei wirksamen Prinzipien sind keineswegs typisch christlich. Die alten Mysterienreligionen um den Mittelmeerraum verwendeten in ihrer klassischen Periode den gleichen Symbolismus mit sehr ähnlichen Ritualen. Im Mithra-Kult wurde das »Waschen im Blute des Lammes (oder Stieres)« sehr realistisch in Form des »Kriobolions« oder »Tauroboliums« durchgeführt, wo der Einzuweihende, weiß gekleidet, unter einem Gitter stand, auf dem ein Lamm oder ein Stier getötet wurde, und der Neophyt wurde also buchstäblich mit dem Opferblut »gewaschen«. Gewisse Parallelen zum christlichen Symbolismus sind unverkennbar, und zwar in einem solchen Maße, dass einige der Kirchenväter erklärten, der Teufel habe, weil er um die Macht des Christentums wusste, die Heiden dazu verführt, das im Voraus zu kopieren, was später in rechter Weise offenbart werden würde! Andere, denen es nicht um die Verteidigung des Christentums ging, haben gesagt, dass diese Ähnlichkeit der Beweis dafür sei, dass das Christentum sein System des Opferns von früheren Religionen übernommen habe.

Die magische Tradition versichert, dass die Christliche Religion, sich auf bestimmte Prinzipien gründend, sich zwar in ähnlichen Formen ausdrückt wie die im Heidentum ringsherum verwendeten, bezeichnet dies aber nicht als die Ursache des Verfalls, in die das Heidentum geraten ist. Die magische Tradition ist auch der Ansicht, dass die Christliche Kirche es nicht nötig hat, ihre Riten und Formen von anderen zu entlehnen, denn sie hat ihre eigentlichen Wurzeln in der geheimen hebräischen Tradition, und was schließlich allein ausschlaggebend ist, sie wurde gegründet und geführt vom Allerhöchsten Meister aller Mysterien. Die »Mysterien Jesu« in der Frühkirche hatten ihre eigene besondere Prägung im Vergleich zu den sie umgebenden Mysterienreligionen. Auf jeden Fall beweist eine Religion ihre Lebenskraft dadurch, dass sie auch die besten und wertvollsten Elemente anderer Systeme in sich aufnimmt. Die Kirche, gleich dem weisen Hausherrn im Gleichnis, hat aus ihren Schatzkammern alte wie auch neue Dinge anzubieten.

NACHWORT

Ich habe ausschweifend geschrieben, viele Gedanken nicht zu Ende geführt, und dies aus einem guten Grund.

Es gibt in der modernen Welt viel zu viel »Boulevardblatt«-Geist – nette, kleine, vorverdaute Informationen bis hin zu attraktiven Paketen für den geistigen Gebrauch derjenigen, die ein allgemeines Wissen über verschiedene Themen haben möchten, ohne sich die Mühe zu machen, diese selbst zu studieren.

So etwas ist gefährlich, da es einen idealen Weg eröffnet, auf dem Skrupellose ihre eigenen Ideen vorbringen können, ohne geistigen Widerstand seitens der Opfer. Solche Methoden führen zu einer Produktion jener Massenmentalität, die eine tödliche Sache in den Händen der Diktatoren sein kann – egal ob von rechts oder von links.

Ich habe daher keinen »Überblick über die Magie« verfasst, sondern lediglich versucht, meinen Lesern einige Einblicke zu geben – faszinierend oder sogar ärgerlich – in den Bereich des wunderbaren Studiums, das unter dem Namen »Magie« bekannt ist, und ich hoffe, dass solche Blicke sie dazu bringen, die Werke derer, die die anerkannten Meister ihres Fachs sind, zu studieren.

WEITERE BÜCHER AUS DEM AURINIA VERLAG

Gareth Knight, »Licht auf Dion Fortune – eine der bedeutendsten Persönlichkeiten des 20. Jahrhunderts«
120 S., ISBN 978-3-937392-01-1

Gareth Knight, »Licht auf Kabbala – Die Schlüssel zum Verständnis der Hermetischen Kabbala«
108 S., ISBN 978-3-937392-02-8

Gareth Knight, »Licht auf übersinnliche Kommunikation«
ca. 100 S., ISBN 978-3-937392-03-5

Gareth Knight, »Licht auf die Artus-Legende«
ca. 100 S., ISBN 978-3-937392-04-2

Gareth Knight, »Licht auf historische Bilder der Magie«
ca. 100 S., ISBN 978-3-937392-05-9

Gareth Knight, »Licht auf Hohe Magie«
ca. 100 S., ISBN 978-3-937392-06-6

Gareth Knight, »Das ist Okkultismus – eine Einführung«
320 S., ISBN 978-3-937392-08-0

Gareth Knight, »Die Symbole der Heiligen Kabbala – das Praxisbuch«
Paperback, ISBN 978-3-937392-83-7

Dion Fortune, »Die kosmische Doktrin – Big Bang, Chaosforschung und Evolution«
320 S., ISBN 978-3-937392-07-3

Dion Fortune, »Die mystische Kabbala – Der Yogaweg des Westens«
192 S., ISBN 978-3-937392-12-7

Lazarus Goldschmidt, »Sefer Jesirah – Das Buch der Schöpfung«
104 S., ISBN 978-3-937392-14-1

Gershom Scholem, »Sefer ha-Bahir. Das Buch Bahir – Ein Schriftdenkmal aus der Frühzeit der Kabbala«
180 S., ISBN 978-3-937392-15-8

Drei Eingeweihte, »Das Kybalion – Die 7 hermetischen Gesetze. Die geheime Quelle von Dan Browns ›Das verlorene Symbol‹«
128 S., ISBN 978-3-937392-17-2

Drei Eingeweihte, »Das Kybalion – Die sieben Gesetze des Hermes Trismegistos«
4 CD in Jewelcase, ISBN 978-3-937392-51-6

Thomas de Quincey, »Bekenntnisse eines englischen Opiumessers – Sonderedition«
148 S., ISBN 978-3-937392-19-6

Thomas de Quincey, »Suspiria de Profundis – Seufzer des Verderbens. Eine Fortsetzung der Bekenntnisse eines englischen Opiumessers – Sonderedition«
140 S., ISBN 978-3-937392-20-2

Satprem, Mutters Agenda 1951 – 1973 – Gesamtwerk in 13 Bänden
Paperback, ISBN 978-3-937392-34-9
(Einzelbände ebenfalls erhältlich)

Eiji Yoshikawa, »Musashi. Legendärer Samurai und weiser Zen-Meister. Roman.«
ca. 1200 S., ISBN 978-3-937392-38-7

Anna Nikolena, »Mascha – die magische Agentin – Das Glashaus. Ein spiritueller Kriminalroman.«
164 S., ISBN 978-3-937392-47-9

Abbé de Villars, »Der Graf von Gabalis – Gespräche über die verborgenen Wissenschaften. Ein Rosenkreuzer-Roman«
ca. 120 S., ISBN 978-3-937392-49-3

William Walker Atkinson, »Reinkarnation und Karma«
160 S., ISBN 978-3-937392-54-7

William Walker Atkinson, »Die Astralwelt«
100 S., ISBN 978-3-937392-56-1

Felix Sendner, »Die wahren Geheimnisse des Wünschens. Hintergründe der Wunscherfüllung.«
68 S., ISBN 978-3-937392-57-8

Walter E. Butler, »Die Aura – Sehen und Deuten«
86 S., ISBN 978-3-937392-58-5

Walter E. Butler, »Telepathie – Die Geheimnisse der geistigen Kommunikation«
92 S., ISBN 978-3-937392-59-2

Walter E. Butler, »Hellsehen – Der Weg zur außersinnlichen Wahrnehmung«
101 S., ISBN 978-3-937392-60-8

Walter E. Butler, »Magische Lehrstunden – Der Meister und sein Schüler«
180 S., ISBN 978-3-937392-63-9

Walter E. Butler, »Die magische Kabbala – Die Pforten des Lichts«
138 S., ISBN 978-3-937392-64-6

Walter E. Butler, »Heilige Magie – Der lichtvolle Pfad des Meisters«
104 S., ISBN 978-3-937392-81-3

Walter E. Butler, »Das Praxisbuch des Magiers«
ca. 260 S., ISBN 978-3-937392-82-0

Walter E. Butler, »Psychometrie – Gegenstände magisch lesen«
ca. 100 S., ISBN 978-3-937392-88-2

Walter E. Butler, »Die Walter E. Butler Gesamtausgabe – alle 8 Bände im Schuber«
Telepathie – Die Geheimnisse der geistigen Kommunikation / Hellsehen – Der Weg zur außersinnlichen Wahrnehmung / Magische Lehrstunden – Der Meister und sein Schüler / Die magische Kabbala – Die Pforten des Lichts / Heilige Magie – Der lichtvolle Pfad des Meisters / Das Praxisbuch des Magiers / Psychometrie – Gegenstände magisch lesen
8 Paperbacks im Schuber,
ISBN 978-3-937392-84-4

Eliphas Lévi, »Die Geschichte der Magie«
Paperback, ISBN 978-3-937392-65-3

Eliphas Lévi, »Einweihung in die Hohe Magie und Zahlenmystik«
Paperback, ISBN 978-3-937392-66-0

Eliphas Lévi, »Transzendentale Magie. Der Klassiker neu überarbeitet mit hochwertigen Reproduktionen«
ca. 520 S., ISBN 978-3-937392-68-4

Eliphas Lévi, »Das Buch der Weisen«
Paperback, ISBN 978-3-937392-69-1

Eliphas Lévi, »Der Schlüssel zu den großen Mysterien. Henoch, Abraham, Hermes Trismegistos und Salomon«
Paperback, ISBN 978-3-937392-70-7

Eliphas Lévi, »Das große Geheimnis«
Paperback, ISBN 978-3-937392-79-0

Paul Chacornac, »Eliphas Lévi – Der Erneuerer der westlichen magischen Tradition.«
Biografie, ISBN 978-3-937392-09-7

Eliphas Lévi, »Die Eliphas Levi Gesamtausgabe – alle 7 Bände im Schuber«
Die Geschichte der Magie / Einweihung in die Hohe Magie und Zahlenmystik / Transzendentale Magie / Das Buch der Weisen / Der Schlüssel zu den großen Mysterien. Henoch, Abraham, Hermes Trismegistos und Salomon / Das große Geheimnis/ Paul Chacornac »Eliphas Lévi – Der Erneuerer der westlichen magischen Tradition.«
7 Paperbacks im Schuber,
ISBN 978-3-937392-85-1

Thomas Cleary, »Das Geheimnis der Goldenen Blüte. Das klassische Meditationshandbuch des Taoismus.«
176 S., ISBN 978-3-937392-80-6

Gerald B. Gardner, »Die Weisheit der Wicca – Das legendäre Buch ›Witchcraft Today‹«
180 S., ISBN 978-3-937392-87-5

Dr. Israel Regardie, »Entspannung leicht gemacht. Das Praxisbuch für den Alltag.«
80 S., ISBN 978-3-943012-44-6